ŒUVRES

DE

SAINT-SIMON & D'ENFANTIN

PUBLIÉES PAR LES MEMBRES DU CONSEIL

INSTITUÉ PAR ENFANTIN

POUR L'EXÉCUTION DE SES DERNIÈRES VOLONTÉS

ET

PRÉCÉDÉES DE DEUX

NOTICES HISTORIQUES

QUATRIÈME VOLUME

PARIS

E. DENTU, ÉDITEUR

LIBRAIRE DE LA SOCIÉTÉ DES GENS DE LETTRES

PALAIS-ROYAL, 17 ET 19, GALERIE D'ORLÉANS

1865

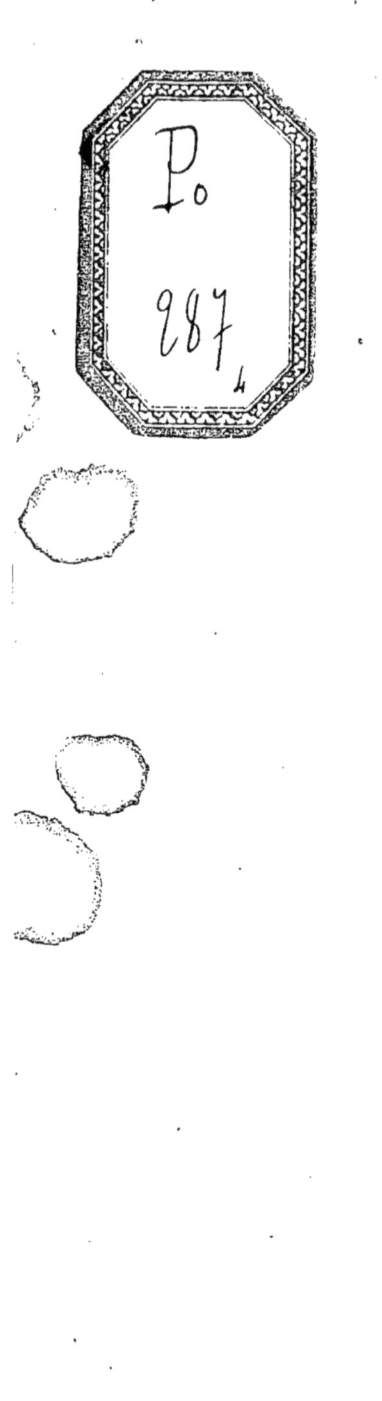

ŒUVRES

DE

SAINT-SIMON & D'ENFANTIN

IV

Imprimerie L. TOINON et Cᵉ, à Saint-Germain.

ŒUVRES

DE

SAINT-SIMON & D'ENFANTIN

PUBLIÉES PAR LES MEMBRES DU CONSEIL

INSTITUÉ PAR ENFANTIN

POUR L'EXÉCUTION DE SES DERNIÈRES VOLONTÉS

ET

PRÉCÉDÉES DE DEUX

NOTICES HISTORIQUES

QUATRIÈME VOLUME

PARIS

E. DENTU, ÉDITEUR

LIBRAIRE DE LA SOCIÉTÉ DES GENS DE LETTRES

PALAIS-ROYAL, 17 ET 19, GALERIE D'ORLÉANS

1865

NOTICES HISTORIQUES

II

ENFANTIN

(SUITE)

XI

(1831)

(Août-septembre.)

La France était alors en pleine crise constitutionnelle. Les premières élections, depuis la révolution de 1830, venaient d'avoir lieu. On se montrait impatient de savoir si les deux cent vingt et un, préservés de l'absolutisme royal par le libéralisme populaire, et réélus en masse par les libéraux censitaires, se croiraient obligés, par reconnaissance et par prudence, de faire un peu plus pour le peuple immense du travail manuel [1], que n'avait pu faire le régime favori des hautes classes. On se préoccupait aussi de l'attitude que prendrait le nouveau gouvernement en face de la nouvelle majorité, et tout le monde se demandait quel serait son langage à l'ouverture des chambres. Mais ce gouvernement fonctionnait depuis un an. Les saint-simoniens, qui avaient vite compris qu'il ne faisait et qu'il ne ferait que répéter, au dedans et au dehors, la politique de la Restauration, sauf à donner un peu moins d'importance à l'élément nobiliaire et clérical, et à favoriser davantage l'élément bourgeois et sceptique ; les saint-simoniens n'avaient pas attendu le discours de la couronne pour le publier d'avance dans *le Globe*, tel à peu près qu'il devait être réellement prononcé. La session n'avait été ouverte, le 23 juillet, qu'à une heure après midi, et, dès le matin de ce même jour, tout Paris avait pu lire, en tête du journal saint-simonien :

DISCOURS DE LA COURONNE.

La session s'ouvre aujourd'hui. Voici, selon toute apparence, dans quel sens sera conçu le discours de la couronne.

1. Cette expression est de Robert Peel qui disait à M. Guizot, en lui parlant de la situation misérable de ce peuple : « Il y a là une honte et un péril pour notre civilisation. »

« Messieurs,

» Le renouvellement de la session vous appelle autour du trône afin que vous travailliez, de concert avec moi, à raffermir notre état social; vous pouvez compter sur un concours loyal de mon gouvernement; je compte sur l'appui de vos lumières et de votre patriotisme.

» Il y a bientôt un an qu'une grande et déplorable violation de la Charte fut justement punie par la glorieuse résistance des habitants de Paris. Les lois furent vengées, et le suffrage de la France m'appela à occuper le trône. Je fis mon devoir. Dévoué à mon pays, je lui sacrifiai mon repos, qui m'était cher, pour arracher la patrie au fléau de l'anarchie et pour assurer le règne des lois. La Charte fut alors dégagée de tout ce qui pouvait prêter à l'ambiguïté, de tout ce dont avait pu s'autoriser le parjure. J'ai juré de la défendre contre l'esprit de désordre et contre la jalousie de l'étranger : je serai fidèle à mes serments.

» Des agitations, suite inséparable de la commotion de juillet, n'ont pas encore permis à tous les esprits de se rasseoir; quelques hommes égarés cherchent à entraîner aventureusement la société vers des nouveautés dangereuses; ils méconnaissent le caractère de notre glorieuse révolution, dont le seul but a été de défendre contre un audacieux parjure des institutions chéries depuis quinze ans de toute la France. Par des mouvements tumultueux, ils renouvellent les causes d'inquiétude et de méfiance, et ils tariraient ainsi les sources de la prospérité publique, si toutes les classes de la population n'étaient unanimes pour repousser une liberté chimérique ; si tous ne sentaient profondément que la liberté véritable consiste dans le maintien de l'ORDRE PUBLIC, dans le respect de toutes les propriétés, de tous les droits, de toutes les lois, et non dans de vaines THÉORIES.

» Pour connaître les vœux de la France, j'ai parcouru une partie des départements. Mon cœur a partout recueilli les témoignages d'une sympathie vive ; c'est la plus douce récompense que je puisse ambitionner en retour du dévouement avec lequel j'ai accepté la couronne. Partout aussi j'ai rencontré une population admirable par ses sentiments patriotiques et par son esprit militaire. J'ai reconnu partout le respect pour la loi, l'amour d'une liberté sage et de nos institutions telles qu'elles sont garanties par la Charte, partout la défiance contre les illusions de ces hommes légers qui se croient en droit d'être souverains parce que nous reconnaissons le principe de la souveraineté du peuple, et qui ne craignent pas de compromettre l'avenir de notre belle patrie par la poursuite de leurs illusions.

» Nulle part je n'ai trouvé plus de dévouement à la loi et à la liberté que dans les rangs de cette milice citoyenne qui se forma spontanément aux jours de juillet pour élever une barrière, d'une part contre l'anarchie, de l'autre contre les agressions extérieures.

» Et cet excellent esprit de la population a reçu une manifestation éclatante, lorsque j'ai appelé les colléges électoraux à exprimer leurs sentiments par le choix de leurs députés.

» Messieurs,

» Ce voyage, dont je suis encore tout ému, m'a appris que si la crise de juillet avait été glorieuse, elle avait cependant porté atteinte à des intérêts importants : l'ébranlement qu'elle a produit a été funeste aux intérêts du commerce. D'intéressantes populations, de nombreux ouvriers souffrent de maux cruels et supportent leurs souffrances avec une résignation magnanime. J'espère, messieurs, qu'aidé de votre concours, je parviendrai à rétablir et à consolider l'ordre et la confiance, sans lesquels il n'est pas de prospérité industrielle. Le courage de la classe ouvrière au milieu de sa détresse, le sens exquis avec lequel elle repousse les avances des agitateurs, nous font un devoir de veiller à son soulagement.

» Messieurs,

» Mes ministres vous entretiendront de l'état actuel de nos relations diplomatiques. Ils vous diront comment j'espère, par ma médiation pacifique, garantir l'Italie de toute occupation contraire à la dignité de la France et à l'équilibre de l'Europe.

» Un peuple du Nord, dont le nom est glorieux, soutient depuis longtemps une lutte difficile. J'espère que, d'accord avec plusieurs de nos illustres alliés, je contribuerai à faire cesser des hostilités qui ont déjà coûté un sang précieux, et que par là l'Europe occidentale sera sauvée d'un horrible fléau qui menace de l'envahir.

» Un autre peuple, qui était resté pendant plusieurs mois comme une cause involontaire de troubles en Europe, vient de mettre son indépendance sous la sauvegarde d'un prince qu'il a librement élu. Je me félicite d'avoir fait céder mes sentiments paternels aux intérêts de l'Europe. La situation de la Belgique est aujourd'hui régulière; elle atteste les sentiments d'ordre dont toutes les nations sont pénétrées. Cette conclusion est un pas de plus vers la pacification générale.

» Un armement considérable, nécessité par la situation générale de l'Europe, pèse aujourd'hui d'un poids bien lourd sur les contribuables : vous partagez mon désir de les voir cesser. Les espérances que je reçois, de toutes parts, des pacifiques dispositions de toutes les puissances, me donnent l'espérance que leurs armées et la nôtre pourront être bientôt réduites aux proportions de l'état de paix; mais, en attendant que les négociations entamées aient acquis le développement nécessaire pour rendre cette réduction possible, l'attitude de la France doit être forte, et nous devons persévérer dans les mesures que nous avons prises pour la faire respecter; car la paix n'est sûre qu'avec l'honneur. Et, si jamais notre dignité et notre indépendance venaient à l'exiger, je serais au premier rang comme dans ma jeunesse; j'y serais avec mes fils pour combattre nos ennemis, pour assurer de nouveau les triomphes de la France et la gloire de nos armes.

» Messieurs, la Charte de 1830 a confié à votre sagesse le soin de réviser l'organisation de l'un des trois pouvoirs constitutionnels. Je compte que, dans l'examen de cette importante question, vous concilierez les idées de liberté, si chères à la France, avec ce besoin d'ordre qui est aujourd'hui senti de tous.

» Beaucoup d'hommes éclairés réclamaient depuis longtemps contre la barbarie de quelques-unes des dispositions pénales de nos codes. Mon ministre de la justice vous proposera quelques réformes qui, sans restreindre la juste répression des délits et des crimes, sont de nature à mettre notre législation en harmonie avec l'état de nos mœurs douces et policées.

» La question de l'enseignement doit être également soumise à vos délibérations. Ce n'est pas moi, messieurs, moi, père d'une famille au sein de laquelle si longtemps j'ai goûté le bonheur, qui concevrai le dessein de refuser aux pères de famille de légitimes prérogatives. Vous saurez cependant tenir compte des mérites et des services de notre studieuse Université, de ses lumières et de son expérience.

» Mon ministre de l'instruction publique vous proposera des moyens de répandre le bienfait de l'instruction sur la classe la plus nombreuse. C'est en l'éclairant que nous lui inspirerons de plus en plus l'amour de nos institutions et l'obéissance aux lois, dont elle se montre instinctivement animée.

» Messieurs, une carrière immense est ouverte à votre zèle et à vos talents. L'Europe a les yeux fixés sur nous ; elle sait que sa tranquillité et son bien-être sont intimement liés à notre ordre intérieur ; elle sait que nos destinées sont d'un poids immense dans la balance des destinées du monde. Soyons l'objet de son admiration et de son envie par l'heureuse alliance que nous aurons ménagée parmi nous à l'ORDRE et à la LIBERTÉ. »

Pour expliquer nettement comment nous concevons la situation présente, nous allons maintenant tracer le discours que nous voudrions entendre sortir de la bouche du roi :

« Messieurs,

» Il tardait à mon cœur royal de vous voir réunis autour de moi. La situation de la France réclame d'urgentes améliorations; je suis résolu de les accomplir, et je sens que votre concours doublera mes forces pour cette grande tâche.

» Depuis quarante ans, la France lutte, soit sur les champs de bataille, soit à la tribune, contre les institutions du passé, contre le régime des privi-léges. Dans les glorieuses journées de juillet la féodalité tenta un dernier effort : elle fut vaincue par une population héroïque.

» Après la victoire, tous les yeux se sont tournés vers moi; la couronne m'a été offerte de l'assentiment de tous; je l'ai acceptée avec assurance, avec joie, parce que j'ai confiance que mes forces sont à la hauteur des fonctions dont m'a investi le vœu général, parce que je sens que je saurai concilier les partis et les déterminer tous à consacrer leur activité si longtemps désordonnée, à combler la France et le monde de richesses et de lumières.

» Mais les passions qui dominaient et préoccupaient tous les esprits, pendant la lutte, n'ont pu immédiatement se calmer. La méfiance et l'irritation, qui étaient la vie de la société depuis de longues années, n'ont pu se dissiper aussi promptement qu'ont été repoussés les ennemis du perfectionnement social. De là ce malaise, cette inquiétude, ces agitations qui, depuis un an, tourmentent le premier peuple du monde.

» Messieurs, mon gouvernement, sorti du sein de la mêlée, n'a pu rester aussi étranger que je l'aurais voulu à ces préoccupations pénibles, mais s'il ne m'a pas été donné de préserver la France de quelques désordres, de quelques atteintes à sa considération, de quelques désastres intérieurs, j'ai foi qu'aujourd'hui j'aurai la puissance de réparer le mal. Je ne me dissimule point que le parjure qui a porté atteinte à la Charte de 1814 n'a été qu'une occasion pour la société tout entière de protester contre l'insuffisance de cette constitution, transaction jusque-là nécessaire ; je reconnais que la loi fondamentale ne peut plus être aujourd'hui un pacte entre des intérêts contradictoires ; il ne peut y en avoir d'autre que l'harmonie des forces progressives dont le développement régulier promet un si bel avenir à la France, et qui, jusqu'à présent méconnues, n'ont tenté de se faire jour que par la violence et l'anarchie.

» La France est riche en dévouement, riche en lumières, riche en ressources de toute nature. D'immenses destinées, toutes pacifiques, toutes créatrices, lui sont réservées ; je les lui montrerai, et vous m'aiderez à l'y conduire.

» Toute la population est animée d'un sentiment profond d'ordre et de paix. Nulle part la violence, les sentiments haineux, n'excitent une répugnance plus prompte et plus vive. Le vœu le plus cher de la France, c'est de voir à sa tête un chef digne de son amour, qu'elle puisse combler des témoignages de sa foi et de son respect, au sein duquel elle puisse épancher ses espérances et ses craintes, dont elle puisse s'enorgueillir. Ce chef, elle a cru le trouver en moi, son attente ne sera pas trompée.

» Mais en même temps que la France veut l'ordre, elle veut le progrès; elle veut la paix, parce qu'elle a confiance qu'elle peut l'obtenir glorieuse et féconde, pour elle et pour toutes les nations qui réclament son alliance et son patronage. Elle est disposée à accepter une autorité, mais il faut que ce soit une autorité paternelle qui représente ses besoins, devine ses désirs et s'empresse de les satisfaire.

» Quel qu'ait été l'élan des peuples à ma rencontre, je sais, messieurs, qu'il y a au fond des cœurs un sentiment de méfiance contre un pouvoir quelconque. On redoute sa direction, on est accoutumé à regarder son influence comme un fléau. Ce sentiment est légitime : il a sa justification dans l'impéritie et l'insouciance de la plupart des gouvernements modernes. Je saurai le respecter. Je lui ferai d'abord la part large; je saurai me renfermer dans un rôle de haute surveillance, m'interposant avec calme entre les partis pour prévenir les collisions violentes, dégageant tous les éléments progressifs qui viendront à surgir, de manière à faciliter leur essor. La liberté de la presse, la liberté des cultes, la liberté de l'enseignement, vont donc trouver en moi un vigilant protecteur. Je suis assuré que je conquerrai ainsi la confiance de tous, et que bientôt ma direction, qui, aujourd'hui, si je prétendais l'imposer, serait repoussée avec colère, sera réclamée avec amour par un peuple qui, dès lors, n'aura plus qu'une foi, une opinion, un culte.

» Mes relations avec les souverains étrangers vont changer de caractère; je vais réclamer d'eux que toutes les formes mystérieuses des chancelleries soient abandonnées. Elles ont servi à trop de déceptions, elles sont flétries. Lorsque les gouvernants s'occupent franchement des intérêts des peuples, c'est à la face du soleil que les affaires des sociétés doivent être débattues.

» Je vais le premier entrer dans cette nouvelle carrière diplomatique. J'envoie solennellement une ambassade à Londres, pour proposer à Guillaume IV une étroite alliance, afin que, par mon intervention, se termine pacifiquement la crise violente dont l'Europe est agitée.

» La France et l'Angleterre sont à la tête de la civilisation. Franchement associés l'un à l'autre, sous l'autorité de deux princes en qui ils se sentiront vivre, les deux peuples présenteront une masse de force tellement imposante, qu'il y aurait folie à vouloir résister à leur volonté. Mon frère Guillaume, qui, par ses projets de réforme graduelle, a témoigné de ses sympathies progressives, serrera, j'en suis sûr, la main que je lui aurai tendue; unis l'un à l'autre, nous interposerons, pour le plus grand bien de tous, notre irrésistible influence là où il y a des glaives tirés, là où d'autres glaives s'aiguisent, et, à notre voix pacifique mais ferme, l'Italie respirera, l'héroïque Pologne recueillera le fruit de sa sublime résistance; l'Europe sera en paix, et le czar épanchera les flots de ses soldats vers l'Orient qu'il brûle de conquérir, et que nous lui donnons mission de civiliser.

» Et l'Angleterre et la France continueront à exercer sur tous les peuples une surveillance émancipatrice, et à les pousser tous dans la voie pacifique.

» Messieurs, la paix est aujourd'hui le premier besoin des peuples, parce que leur destination est de s'associer pour se livrer aux travaux pacifiques, féconds et glorieux de l'industrie et de la science. Avec le régime violent de la guerre, doivent peu à peu disparaître tous les priviléges qui furent et durent être les bases de ce régime, tous les caractères de brutalité dont il avait empreint la législation et les relations sociales.

» Les priviléges *héréditaires*, monuments des temps d'esclavage, doivent disparaître. Mes ministres vous proposeront l'abolition de l'*hérédité* de la pairie qui préparera les esprits à la suppression graduelle de toutes transmissions héréditaires des avantages sociaux.

» Nos codes, rédigés à l'issue d'une époque de violence, sont semés de dispositions cruelles et vindicatives que j'ai à cœur de faire disparaître. Le but de la législation ne doit pas être de punir un coupable ou de venger la société, mais d'améliorer, par une initiation quelquefois rigoureuse, un malheureux que la société a laissé sans éducation, sans guide, sans patronage. Mon ministre de la justice vous proposera l'abolition de la PEINE DE MORT, de la MARQUE, de l'EXPOSITION, des BAGNES et de la CONTRAINTE PAR CORPS.

» L'industrie est aujourd'hui frappée de torpeur. Le caractère inquiétant avec lequel se présentait la politique générale, s'est manifesté sous le caractère industriel par l'annihilation du crédit. La pacification générale de l'Europe, qui, par mes soins, sera prochaine, et l'union des partis, que je suis certain d'opérer, parce que j'ai enfin un but pacifique à signaler à l'énergique volonté de tous, rétabliront promptement la confiance. Nous aurons ainsi le loisir de déterminer l'organisation industrielle au sein de laquelle tous les efforts isolés et rivaux aujourd'hui seront reliés et combinés de manière à maintenir toujours l'équilibre entre la production et la consommation, c'est-à-dire entre les forces créatrices du travail et les besoins des travailleurs.

» Pour atteindre ce but, j'aurai bientôt à soumettre à vos délibérations le plan d'une vaste institution de CRÉDIT, et je recommande à l'avance ce sujet à vos méditations ; mais dès à présent mon ministre du commerce vous proposera l'ABOLITION DES MAJORATS et des SUBSTITUTIONS ; il vous présentera un projet de loi relatif à la réforme du CODE HYPOTHÉCAIRE, et à la MOBILISATION DU SOL, qui aura pour effet de faire disparaître le caractère *féodal* dont les lois qui régissent la propriété sont encore empreintes.

» Jamais plus d'hommes studieux ne se vouèrent à la culture de la science, et cependant la science se meurt. J'ai appelé tous les corps savants de l'Europe à me rendre compte des progrès de la science depuis cinquante ans, et à m'indiquer les moyens de coordonner les efforts des savants[1]. Je

1. Cette question avait été adressée par Napoléon à l'Institut en 1807.

leur ai demandé de signaler la direction nouvelle dans laquelle la science aujourd'hui doit retrouver le mouvement et la vie.

» La pacification de l'Europe, et le nouveau système de relations entre les peuples qui va s'établir par mes soins et par ceux de mon frère le roi d'Angleterre, vont me permettre de rendre aux travaux de l'industrie et de la science une foule de bras et d'intelligences improductivement occupés aujourd'hui sous les drapeaux, et une masse énorme de capitaux absorbés à entretenir leur activité stérile et souvent destructive.

» Le budget, qui vous sera présenté par mon ministre des finances, ne différera pas autant que je l'aurais désiré de ceux des années précédentes ; le temps m'a manqué pour le transformer au gré de mes désirs. Du reste, je n'ai pas craint de l'élever encore à plus d'un milliard, persuadé que le gouvernement le plus économe n'est pas celui qui dépense le moins, mais celui qui dépense le mieux.

» Les esprits les plus éclairés, en France et en Angleterre, ont reconnu que le jeu de l'amortissement est une fiction onéreuse. Je vous propose de le supprimer et d'appliquer sa dotation à remplacer des impôts odieux qui ne sauraient plus être prélevés sans infamie, parce qu'ils sont principalement extorqués à la classe la plus nombreuse et la plus pauvre, l'impôt du sel et la loterie.

» Cette classe, qui joue le rôle le plus important dans la création de la richesse sociale doit être retirée de l'état d'abaissement où elle est plongée. Mon premier devoir est de la doter de moralité, d'instruction et de bien-être. Voilà réellement ce qu'elle réclame, voilà ce qui lui est *dû*, voilà enfin les DROITS POLITIQUES qu'il faut absolument aujourd'hui lui reconnaître. Je vous propose de consacrer une somme annuelle de quarante millions à fonder par toute la France de vastes écoles où les enfants de cette classe recevront une éducation morale, scientifique et industrielle, conforme à leurs degrés divers de capacité. Une autre somme de quarante millions sera consacrée à doter des banques qui leur fourniront des capitaux au sortir de ces écoles. Cette dépense de quatre-vingts millions sera couverte par un IMPOT PROGRESSIF SUR LES SUCCESSIONS et par la SUPPRESSION *de* L'HÉRÉDITÉ EN LIGNE COLLATÉRALE.

» Il est un budget autre que celui voté jusqu'ici par les chambres, qu'il importe de diminuer et vers la réduction duquel vos efforts et les miens devront spécialement tendre. C'est le budget énorme perçu par l'*oisiveté* sur le *travail*. Mes ministres vous proposeront des mesures propres à améliorer le sort du *travailleur* emprunteur relativement au prêteur, celle du locataire et du fermier relativement au propriétaire. Parmi les projets de loi que vous présentera mon ministre des finances, il en est un qui sera de nature à produire une baisse de l'intérêt en matière de crédit public et en matière de crédit privé.

» La France veut la paix, elle veut l'ordre et la liberté; elle veut le travail, elle ne veut plus d'immobilité, de priviléges héréditaires; elle ne veut plus d'*oisifs*, elle a soif de développement industriel et scientifique, elle a soif d'association. Mettons-nous à l'œuvre pleins de confiance; que par nous commence une ère nouvelle, où l'ORDRE soit fondé sur le règne de la CAPACITÉ, le seul que la LIBERTÉ puisse avouer, le seul sans lequel elle puisse exister.

» Messieurs, je vous ai parlé en mon nom, au nom du peuple de qui je tiens la couronne, je ne vous ai point parlé au nom de la religion, au nom de Dieu; c'est que là où s'élèvent des temples rivaux, où les sentiments, les opinions, les efforts sont en lutte perpétuelle, il n'y a pas de religion; Dieu n'est pas là. Mais vous vous unirez à moi, et le peuple dont les destinées nous sont confiées se ralliera à nous; il verra dans notre autorité paternelle l'action manifeste de la Providence, car nous n'aurons tous qu'une seule volonté, une seule pensée, un seul but; nous aurons alors une religion, DIEU sera avec nous. »

Le *Moniteur* du 24 juillet donna raison au *Globe* de la veille, et le journal saint-simonien put dire sans être contredit :

« Le discours de la couronne a été tel que nous l'avions prévu; il ressemble parfaitement à tous ceux que nous avons coutume d'entendre en pareilles solennités. C'est toujours le style embarrassé des chancelleries, les phrases banales et insignifiantes que les ministres ne manquent jamais de mettre dans la bouche des rois pour éviter de pénibles explications avec les peuples. »

Ce discours banal devait être répété pendant dix-huit ans, pour arriver, au bout de ces congratulation annuelles de la royauté quasi légitime et de la représentation quasi nationale, à une nouvelle révolution populaire.

Le lendemain des révolutions est toujours marqué par un chômage forcé dans la production, par une interruption ruineuse dans les affaires et le travail.

En 1831, l'ouvrier se ressentait encore de la crise de 1830. Les partis politiques le poussaient à l'émeute. Le saint-simonisme lui prêchait la paix, l'association, la religion prévoyante et secourable pour la chair comme pour l'esprit. D'autres imaginèrent un expédient dont le nom devait devenir un jour tristement fameux. Un placard, affiché dans les divers quartiers de Paris, portait ce qui suit :

EXPLOITATION DE L'ATELIER NATIONAL.

« On parle beaucoup des besoins du peuple, de sa misère, et rien d'utile n'a été fait pour le soulager. Voici l'heure d'y songer : que les heureux du siècle nous secondent !

» Et vous, ouvriers, que le besoin assiége, venez à nous ; ce n'est point une aumône, c'est du travail qui vous attend. Cent métiers de différents genres seront ouverts à votre activité ; nous ne vous demandons que la preuve d'une vie irréprochable.

» ON PEUT SE FAIRE INSCRIRE COMME OUVRIER

Chez MM. A. Crebassol et J. Rosier, rue Poissonnière, 37. »

En trois jours, 2,500 ouvriers se firent inscrire. On leur délivra un certificat d'inscription portant un numéro d'ordre et on y joignit un *premier bulletin* qui fut envoyé à domicile aux banquiers, agents de change, notaires et capitalistes de la capitale, et dans lequel on lisait cette menaçante apostrophe :

« *Riches de toute la France, hauts fonctionnaires si généreusement rétribués,* c'est maintenant à vous que nous en appelons pour seconder nos vues. Refuseriez-vous une parcelle de votre superflu, quand peut-être il y va du repos de la France, de notre existence à tous? Non, nous n'osons pas le croire; nous n'osons pas croire que vous répondiez par un refus à l'appel qui vous sera fait. D'ailleurs cet appel sera fait avec justice. Soigneux de ne point troubler d'honnêtes et de modestes existences, ne voulant demander un peu de superflu qu'aux hommes en position de le donner, nous dresserons une statistique des diverses administrations dont nos bulletins feront successivement connaître le nombre d'employés, ainsi que les appointements de chacun d'eux. Déjà, parmi ces employés des diverses administrations, beaucoup se sont empressés de nous envoyer leurs souscriptions ; leurs noms seront signalés à la reconnaissance nationale, ainsi que le nom de tous les hommes qui se seront ralliés à nous. A cet effet, chacun de nos bulletins contiendra la liste des souscripteurs inscrits depuis la publication du précédent bulletin, et *en regard les noms des hommes qui nous auront répondu par un refus formel.* . . . .

» On parle beaucoup des sacrifices à faire pour le peuple; le peuple ici reconnaîtra ses vrais amis. »

Le *Globe*, sans méconnaître les généreuses intention des auteurs de ce projet, avait signalé hautement l'inefficacité probable de leur procédé et les dangers certains de la forme et des termes de leur bulletin.

« Que signifient, disait-il dans son numéro du 19 juillet, que signifient de pareilles mesures? Qu'est-il besoin de former des catégories? Pourquoi dresser des listes de proscription? Pourquoi marquer d'un signe de mort la porte de ceux qui n'auront pas adhéré à leur projet? MM. Crébassol et Rosier, ou bien les ouvriers dont ils se disent les patrons, seront-ils tous dans le cas d'apprécier les causes d'un refus qui certainement serait imposé à un grand nombre par les circonstances difficiles au milieu desquelles est aujourd'hui le commerce? Et du reste, quels sont les titres à la confiance publique de ces directeurs improvisés? . . . .

» Nous ne nous serions point occupés des plans de

ces messieurs si nous n'eussions vu d'une part un grand nombre de personnes effrayées de la formation des listes qu'ils disent vouloir dresser, et d'autre part des ouvriers accourir à un appel conçu en termes équivoques, et s'en retourner avec une promesse solennelle qui, nous en avons la certitude, ne peut avoir aucun effet. »

MM. Crébassol et Rosier répondirent pour se plaindre de cette improbation si vive et si explicite de leur plan et de leur bulletin. Néanmoins, le saint-simonisme fut encore accusé d'avoir imaginé ou appuyé lui-même ce qu'il combattait avec tant de vigueur et de franchise. Michel Chevalier fut même obligé de protester publiquement contre cette imputation, en insérant, dans le *Globe* du 25 juillet, cette lettre qu'il avait dû adresser au rédacteur en chef du *Journal des Villes et des Campagnes*.

« Monsieur,

» Dans un article sur le projet d'atelier national conçu par MM. Crébassol et Rosier, vous annoncez que ces messieurs sont *néophytes saint-simoniens*. Vous avez été mal informé : MM. Crébassol et Rosier nous sont complétement étrangers, ils ne se sont jamais approchés de nous.

» La critique que nous avons faite de leur plan et du ton de leur *prospectus*, dans le *Globe* du 19 juillet, aurait dû vous empêcher de commettre cette erreur.

» Les imputations que vous dirigez contre MM. Crébassol et Rosier sont graves ; je ne doute pas que vous n'ayez à cœur de démentir la participation que vous avez attribuée à la société saint-simonienne dans leur projet d'atelier, et surtout dans les arrière-pensées de violence qui, suivant vous, les dominent. Le langage tout pacifique des saint-simoniens, dans leurs prédications, dans leurs enseignements, dans leurs écrits, dans leurs journaux, ne permet vraiment pas qu'on prenne ainsi le change sur les moyens par lesquels ils comptent améliorer le sort de la classe la plus nombreuse[1].

» Agréez, monsieur, etc.

L'un des membres du collège de la religion saint-simonienne, directeur du Globe,

» MICHEL CHEVALIER. »

1. Après plus de trente ans écoulés, pendant lesquels le caractère pacifique des idées saint-simoniennes, mis à l'épreuve par les orages politiques, ne s'est pas démenti un seul jour, quelques feuilles ultrà conservatrices et cléricales montrent, dans l'appréciation de ces idées, aussi peu d'intelligence ou d'équité qu'en 1831.

Pareille lettre fut adressée au rédacteur en chef du *Courrier de l'Europe*, qui avait reproduit l'article du *Journal des Villes et des Campagnes*.

Les attaques des légitimistes nuisaient peu du reste au saint-simonisme. Le parti rétrograde, sous le poids de son impopularité, était condamné à servir la cause du progrès par ses agressions. Les missions saint-simoniennes se multipliaient. Celle de Limoges, installée par Bouffard, et continuée par Retouret, amena la conversion d'un jeune avocat qui donnait de grandes espérances, et qui brilla plus tard au barreau et dans les assemblées politiques par son talent et son caractère.

« Mes pères, écrivait Th. Bac, en août 1831,

» J'ai fait mon premier progrès, j'ai parlé en public. Le sujet de mon enseignement était, je crois vous l'avoir dit, *l'exploitation de l'homme par l'homme*. Mon début a été plus heureux que je n'avais osé l'espérer, et j'ai été, m'a-t-on dit, écouté avec attention et plaisir. Je ne vous envoie aucun extrait de mon discours, parce que, s'il y avait quelque chose de bien, c'était plutôt l'ensemble que telle ou telle partie. Une autre raison se joint à celle que je viens de vous donner, c'est que ma lettre sera beaucoup mieux remplie par un extrait de l'allocution que Retouret a adressée au public, après que j'ai eu parlé. Cette allocution a été prononcée avec tant de naturel et de chaleur, que plusieurs personnes ont été émues jusqu'aux larmes. »

A ce moment, toutefois, un des jeunes prédicateurs dont la parole était le plus émouvante, et qui avait pris une si grande part aux succès de l'apostolat saint-simonien, en 1830, Abel Transon commençait à sentir sa foi ébranlée.

« Abel, dit Enfantin dans ses notes datées de Sainte-Pélagie, Abel, dans un de ses plus grands moments de faiblesse, partit un beau jour sans rien dire, trompant même tous ses frères, et particulièrement Talabot qui le veillait de près, et qui ne put pourtant l'atteindre qu'au moment où il montait dans la voiture de Bruxelles, au faubourg; il ne voulut pas faire d'esclandre, et le laissa partir. Abel affecta de nous écrire une lettre très-posée, contenant une argumentation froide, mais forte, sur la vie future, comme pour nous rassurer sur l'état de sa tête. Je lui répondis la lettre suivante, que Bazard désira ne pas voir partir, craignant, trèsfaussement selon moi, qu'elle ne déterminât Transon à prendre les armes; j'étais sûr du contraire, rien qu'en songeant à l'effet que produirait sur lui la dernière phrase. »

Voici cette lettre, portant la date du 11 août 1831 et adressée à Bruxelles :

« Cher enfant, voici une lettre de Jules. Tu as bien fait de nous envoyer ton résumé sur la vie future. Il est bien fait et pose la question dans de bons termes, en la ramenant *à l'unité de substance*. Mais n'oublie pas que l'unité de substance ne signifie pas pour nous ce qu'elle signifiait pour Spinosa et tous les philosophes. Nous avons aussi un DUALISME harmonique, expression de notre vie, L'UNITÉ FINIE ; dualisme sans lequel nous ne *saurions* et ne *ferions* rien, quand bien même nous nous imaginerions VIVRE *infiniment*. Ici serait l'illusion ; ce serait une véritable imagination, comme on dit, un rêve ; car nous ne vivons *pas infiniment*, et pour vivre *relativement*, c'est-à-dire selon notre qualité d'être fini, il faut logiquement que nous *raisonnions* et *agissions*, COMME SI le DUALISME ÉTAIT, COMME SI MOI et NON MOI avaient leur INDIVIDUALITÉ *distincte ;* c'est ce COMME SI qui lève la difficulté logique dont tu parles : l'important, dans notre dogme, c'est, sous cet aspect, de considérer le DUALISME comme harmonique, au lieu d'être *antagoniste*. Sous un autre aspect, c'est de ne jamais oublier que l'isolement d'une des faces du dualisme par rapport à l'autre, n'existe jamais d'une manière *absolue*, d'où plus de profanes, de réprouvés, de peine de mort, d'anathème.

» Et voilà pourquoi, cher enfant, tu as raison d'avoir pensé, que n'étant pas *avec nous*, tu devais faire *hors de nous ;* la résolution que tu as prise est digne de ta force autant que de ta faiblesse, tu ne pouvais tomber sous la balle d'un pistolet, ni te jeter dans l'eau. Saint-Simon nous a révélé qu'un saint-simonien ne *sait* pas et ne *peut* pas se TUER. Tu ne devais pas non plus te retirer et mourir dans une petite cellule, à Versailles ou ailleurs ; il te fallait ce qu'il y a de plus grand et de plus beau, de plus saint, en Dieu, après nous : tu n'as pas pu marcher le pas *calme* de notre amour ; de notre avant-garde tu as passé à l'arrière-garde, mais c'est toujours *pour*, non *par* nous, et AVEC nous que tu es : Va, va, enfant, la vie est avec toi.

» Machereau ne nous a point écrit, cependant les journaux nous ont annoncé que des saint-simoniens, aussi faibles que toi, avaient pris les armes : je dis aussi faibles que toi, car il faut qu'ils sachent qu'ils ne reprendront la parole apostolique que sous la direction d'un de leurs pères qui ne se sera pas battu, afin qu'on sente bien que, dans la grande *division du travail* humain, l'œuvre la plus grande, celle qui nous attirera les respects, la reconnaissance et l'amour des hommes, c'est avant tout celle que nous accomplissons, celle dont Saint-Simon fut le symbole, quand il traversa, *calme*, la révolution française, celle dont nous avons donné l'exemple en juillet 1830. Abel, tu es la Jeanne de la France, tu n'as point à frapper, mais à inspirer ; ta place n'est point dans un coin obscur du champ de bataille ; tu n'es point un soldat, tu es un apôtre, si tu as besoin pour te choisir une place d'approcher le chef français, va droit à Saint-Cyr, dis-lui que tu es un de mes fils chéris, demande lui en mon nom de marcher près de lui, comme j'y étais moi-même en 1815 ; il te recevra avec *tendresse*, mais avant tout, en lisant cette lettre, fais un retour sur toi-même ; si tu ne te sens pas en position de jouer un autre rôle que celui de guerrier, perdu dans la foule, reviens vite à nous ; mais si quelque rêve napoléonien t'anime, si tu *vois*, si tu *touches* un avenir de puissance ; si cette guerre te semble féconde en lauriers pour ton front brûlant, si le petit sergent-major de l'école polytechnique marche avec la foi qui poussait l'élève de Brienne, si ce besoin d'agir sur les hommes qui te ronge, te faisait découvrir l'aliment qui peut te satisfaire au bout des champs de bataille, si tu sens que, par la position que tu vas prendre au milieu des Belges, l'église saint-simonienne s'élèvera plus haute à la voix ; enfin si tu peux lier ta vie de bataille à ta vie apostolique, de manière à voir pourquoi, venant de nous et allant à nous, TU ES là où tu es; marche alors avec confiance, lève la tête, enfant, je te dis encore : *la vie est avec toi.* Mais n'oublie pas surtout que si tu vas là pour te faire tuer, tu as entrepris l'impossible, le fils de Saint-Simon ne se *suicide* pas, et il ne se fait pas non plus *sacrifier*, il MEURT ; sa vie est à Dieu ; il la *donne* et ne *l'abandonne* point SANS RETOUR ; tu sortirais du combat peut-être blessé, mutilé, mais tu n'y aurais point laissé la vie ; Dieu ne se retire pas ainsi de ses envoyés »

Enfantin avait ses raisons d'espérer beaucoup de l'effet de sa dernière phrase sur l'esprit religieux de Transon. Il n'oubliait pas que, parmi les prédicateurs qui avaient annoncé, sous ses inspirations paternelles, un Dieu plus grand que celui de Moïse et de Jésus, selon son expression dans ses lettres à Thérèse, nul n'avait mieux démontré que Transon l'existence de ce Dieu vraiment infini, par la double autorité de la foi et de la science, de la conviction et du talent. N'était-ce pas lui, en effet, qui, pour rendre palpable et plus éclatante la supériorité du dogme saint-simonien sur la théologie juive ou chrétienne, et pour expliquer le règne passager de l'athéisme moderne, avait imaginé, un jour, de faire interpeller le Dieu des siècles barbares par l'humanité de notre siècle civilisé, en ces termes : « Dieu des chrétiens, avait-il fait dire à l'humanité, n'est-ce pas toi qui devais un jour apparaître au milieu de ta gloire, faire de mes enfants deux parts; et, comme il y a, selon toi, beaucoup d'appelés et peu d'élus, condamner la plus nombreuse à des peines éternelles? et quand ces malheureux, remplis d'une douleur amère, pousseront vers toi des cris désespérés : « Seigneur, ayez pitié de nous, » Seigneur, secourez-nous, Agneau de Dieu, qui » effacez les péchés du monde, détournez de nos » têtes cette colère terrible; » tu leur répondras, impitoyable : « Je ne vous connais pas, *nescio vos!* » — Tu ne les connais pas! Dieu des chrétiens, a dit l'humanité, je ne suis pas sans pitié,

MOI, pour ceux qui m'offensent. Aux plus grands crimes, je ne veux plus de peine irréparable ; car je connais, MOI, j'aime, j'aime encore le coupable endurci, le coupable sans repentir. *Dieu de miséricorde*, je suis plus miséricordieuse que toi ; je ne te connais plus ! — Dieu des chrétiens ! tu poursuivais sur les fils innocents la faute de leurs pères ; dans les entrailles de leurs mères, tu trouvais nos enfants coupables ! MOI, je ne veux plus de priviléges ni de réprobation par la naissance. *Dieu de justice et d'amour*, je suis plus aimante et plus juste que toi ; je ne te connais plus ! — *Dieu fort ! Dieu puissant !* tu me commandais d'obéir aux puissances de la terre, tu me livrais sans défense à la brutalité des dynasties féodales ; MOI, j'ai secoué leur joug et j'ai conquis la liberté. La pourpre ensanglantée des rois et leur glaive homicide étaient saints et légitimes devant toi ! MOI, j'ai brisé leur glaive et j'ai traîné leur pourpre dans la fange ; tu rendais quelque chose à César ! MOI, je lui ai tout pris ; tu faisais un pacte avec lui ! MOI, je l'ai détrôné : je suis plus puissante et plus forte que toi. — Je ne te connais plus ! »

« Mais, s'était empressé d'ajouter l'éloquent et hardi prédicateur, quand l'humanité eut ainsi fait justice d'une croyance qui blessait toutes ses sympathies, il se trouva que, débarrassée de l'erreur, elle ignorait encore la vérité.... Elle hait le passé, l'avenir l'épouvante, le présent la dégoûte ; pourtant elle voudrait aimer, elle voudrait croire, elle voudrait agir. Mais autour d'elle, tout est désordre, confusion, chaos. Qui pourrait la sauver du désespoir ?...

» SAINT-SIMON SE LÈVE :

» Peuple, faites silence, prêtez l'oreille, ouvrez vos cœurs. Voici la parole, voici le verbe, le verbe divin qui fait la lumière, qui sépare le jour des ténèbres, qui fécondera le chaos de l'humanité.

» L'UNIVERS, l'immensité des mondes qui remplissent l'espace, et, dans ces mondes, tout ce qui aime, pense et agit......... TOUT CE QUI EST, est un seul être, unique, indivisible, infini, VIVANT ; c'est DIEU.

» *L'univers est Dieu*, car tout ce qui est en lui, les cieux, la terre, l'humanité, tout est lié, tout est uni, tout concourt à l'accomplissement d'une commune destinée, tout manifeste un ÉTERNEL AMOUR, une ÉTERNELLE PROVIDENCE. » (*Extrait des prédications saint-simoniennes.*)

Selon l'espoir d'Enfantin, Transon ne prolongea pas son séjour en Belgique; il revint bientôt à Paris, où de nouveaux succès l'attendaient à la chaire de la rue Taitbout.

La question de la vie future était l'objet de préoccupations individuelles; celle des femmes agitait plus vivement le collége. Le rétablissement du divorce venait d'être proposé à la Chambre des députés[1]. Enfantin devait saisir cette occasion de préparer les esprits à l'émission et à l'étude de sa nouvelle conception sur les rapports sociaux de l'homme et de la femme. L'heure approchait où sa théorie, généralement ignorée encore, ne serait plus un secret pour personne et soulèverait de véhémentes protestations. Prévoyant que ce bruit pourrait affliger sa mère, il voulut la prémunir contre des émotions fâcheuses, en lui soumettant d'avance un exposé justificatif de ses pensées les plus hardies. On remarquera, dans ce que nous allons reproduire de la lettre d'Enfantin, que l'audacieux novateur n'affirme pas d'une manière absolue la vérité pleine et entière de son idée, et qu'il se contente de prédire que la famille humaine s'organisera un jour dans le sens qu'il indique.

1. Cette proposition fut faite par un magistrat éminent, M. de Schonen, gendre de M. de Corcelles, ancien député de Lyon.

« A côté de nous, dit-il, on parle d'une loi sur le divorce, et nous-mêmes, chère mère, nous nous occupions depuis longtemps de cette grande question, mais plus généralement encore des relations de l'homme et de la femme dans l'avenir, c'est-à-dire à une époque où la femme aura des devoirs et des droits, sinon *les mêmes*, du moins *semblables* à ceux de l'homme. La chose est délicate, et l'on peut dire que là est la base de la morale proprement dite; aussi la morale *chrétienne* repose sur le *célibat* du prêtre, expression de la réprobation de la chair, comme la morale mahométane repose sur la *polygamie*, expression de l'esclavage domestique de la *femme*, et de la grossièreté des appétits physiques de l'Orient encore guerrier. Pour nous, tu le sais, l'homme et la femme sont *égaux*, et nous traitons la *chair* à l'égal de l'*esprit*, l'*industrie* aussi bien que la *science*, nous AIMONS l'une *et* l'autre. D'après ces deux idées que je viens d'émettre, quels sont les rapports des sexes? Toute la difficulté est de *sentir dès* AUJOURD'HUI des rapports qui ne pourront être réguliers, convenables, utiles, que dans une société qui aurait été élevée *dès l'enfance*, selon la loi morale nouvelle. Il faut se garantir, et de l'influence des vices qui existent aujourd'hui autour de nous, et du retentissement des croyances morales *chrétiennes*, réprobation de la CHAIR; il faut toute l'impudence du *novateur*, et toute la RÉSERVE du CONSERVATEUR, il faut être moi et Bazard, et en effet nous sommes en discussion tous deux, en ce moment, sur ce point. Or, voici en quoi consiste l'idée nouvelle qui, sous la forme que je lui donne, peut présenter des imperfections, mais qui renferme, suivant moi, le germe de l'avenir ; elle devra être *régularisée, limitée, ordonnée*. — D'après elle sera fait *un règlement* qui en fera disparaître quelques exagérations ; tout cela est certain ; mais ce qui paraît certain pour moi, c'est qu'elle contient l'avenir de l'*homme* et de la *femme*. Mère, tu me diras ton opinion détaillée, j'y tiens absolument ; je ne puis pas penser, sur un sujet de cette nature, quelque chose qui ne soit pas la conséquence de cet autre fait, que je suis TON FILS. »

Après une exposition de ses théories largement développées et qui sera publiée dans la correspondance, Enfantin ajoute :

« J'aurais encore beaucoup à te dire, mais je veux que cette lettre parte aujourd'hui, car il y a longtemps que je ne t'ai écrit. Tu comprends maintenant ce motif de mon silence ; je suis en état d'enfantement. On a dit de la femme, d'après Moïse, *elle accouchera dans la douleur;* mais maintenant, c'est nous qui accouchons de la femme avec peine. »

— « A cette époque, en effet, a dit plus tard Enfantin, les préoccupations de tous les membres du collége étaient extrêmes; chaque jour il y avait réunion, et ces réunions[1] nous conduisaient souvent depuis deux heures jusqu'à dix et onze heures du soir; nous ne dînions donc plus à l'heure des enfants, à peine si nous pouvions les voir et leur parler; toutes nos figures portaient l'empreinte de cette douloureuse préoccupation et de l'exaltation religieuse qui nous animait au milieu de ce grand drame. La famille ne sut rien, jusqu'au dernier moment, des questions graves qui s'agitaient, surtout des questions personnelles. C'est ce qui rendit si imposant, et en même temps si animé, si violent même, le grand jour des explications. » (Sainte-Pélagie, 6 janvier 1833.)

1. A l'issue de l'une de ces réunions, Enfantin et Bazard passèrent dans la salle de la bibliothèque et y continuèrent leur grave et vive discussion. Ils allaient, se croisant d'un angle à l'autre de la salle, et gardant chacun le ton de la suprématie dans l'échange imposant et rapide de leurs arguments. Jean Reynaud, l'un des témoins de cette grande lutte, qui dura près d'une heure, ne put s'empêcher de s'écrier : *On dirait deux mondes aux prises !*

Les saint-simoniens avaient soulevé une question qui devait paraître bizarre aux gens du monde et à la foule, habitués à se laisser gouverner machinalement par les traditions et la routine. Ils prétendaient que leurs chefs, revêtus du titre d'apôtres et formant un véritable clergé, avaient partant le droit de s'abstenir des services publics dont les ministres des autres cultes étaient dispensés. Bazard, Jules Lechevalier, Cazeaux et Michel Chevalier, cités, en août 1831, devant le conseil de discipline de leur légion, y furent condamnés, sur les conclusions de M. Sanson Davillier, à vingt-quatre heures de prison, pour refus de service dans la garde nationale. Cet incident fit du bruit. Peu de jours après, on lisait dans *le Globe :*

« La plupart des journaux ont reproduit l'annonce de notre condamnation, mais le *Messager* a jugé à propos de l'accompagner des réflexions suivantes :

« Il paraît que ces messieurs mettent au nombre
» de leurs moyens de constituer une société nou-
» velle, le refus de remplir leurs devoirs envers
» la vieille société, qu'ils se sont donné la mission

» de remplacer. Ils voudraient faire juger que la » qualité de saint-simonien dispense du service de la » garde nationale, c'est un moyen comme un autre » de faire des prosélytes... »

—» Si le *Messager des Chambres* s'était rappelé la lettre publiée dans *le Globe*[1] du 4 août, par

1. Voici cette lettre :

« Monsieur le Rédacteur,

» Votre numéro de ce jour rapporte la lettre que mon frère Hoart, capitaine d'artillerie, autorisé à cet acte par les chefs de la religion saint-simonienne, a adressée au ministre de la guerre en le priant de recevoir sa démission.

» Les questions qui viennent de nous être adressées à l'occasion de cette insertion nous ont fait penser que les motifs de cette démarche avaient reçu une fausse interprétation; afin de la rectifier, je viens vous prier de publier dans votre plus prochain numéro quelques lignes d'explications.

» M. Hoart, capitaine d'artillerie, a embrassé depuis plus d'un an la religion saint-simonienne; depuis cette époque il n'a cessé de l'enseigner publiquement à Toulouse, à Toulon; ses chefs, ses égaux et ses inférieurs dans la hiérarchie militaire, ainsi que des jeunes hommes de toutes les professions, ont suivi ses leçons, un grand nombre d'entre eux a été converti.

» Tant que les soins de son apostolat naissant n'ont point été de nature à le détourner des devoirs de sa profession, il a porté ses épaulettes à la satisfaction de ses supérieurs; c'est seulement en raison de l'importance de la mission dont il est aujourd'hui chargé pour la propagation de la religion saint-simonienne, qu'il s'est trouvé dans l'obligation de faire le sacrifice de son grade et de la fonction qui y était attachée.

» L'entière réalisation de la doctrine que nous enseignons a

laquelle nous donnions des explications sur les motifs de la démission de Hoart, capitaine d'artillerie, maintenant membre du collége de la religion saint-simonienne, il n'eût pas commis l'erreur de croire que les saint-simoniens *se refusaient à remplir leurs devoirs envers la vieille société.* Nous ne sommes pas des chrétiens, *notre royaume est de ce monde;* nous ne regardons nullement comme incompatibles les fonctions diverses de la *vieille société* avec les fonctions de la *nouvelle;* c'est pourquoi un grand nombre de saint-simoniens se trouvent encore répandus dans les différents services publics, dans la magistrature, l'administration, l'armée et la garde nationale. Mais les mem-

certainement pour but de faire successivement disparaître l'antagonisme sous toutes ses formes. Dans l'avenir que nous préparons la guerre aura cessé d'être, mais quels que soient les malheurs que la guerre entraîne après elle, nous savons que transitoirement et dans certains cas elle peut être l'inévitable condition du progrès; il n'y a donc pas aujourd'hui incompatibilité absolue entre les fonctions militaires et la foi saint-simonienne; et notre religion compte aussi bien des prosélytes dans tous les grades de l'armée et de la marine que dans les autres fonctions publiques, dans la garde nationale et dans les diverses professions de l'industrie, dans les sciences et le barreau.

» Agréez, etc. »

Cette lettre était signée par le gérant du *Globe*, membre du collége. Le gérant était alors P. Leroux.

bres des premier et deuxième degrés de la hiérarchie saint-simonienne, constituant notre clergé, sont à ce titre *légalement* exempts de la garde nationale, comme le sont tous les membres des clergés des autres religions. »

Le même numéro du *Globe*, qui renfermait ces réflexions, annonçait un triste événement survenu dans le sein de la famille saint-simonienne.

« Lundi (29 août), à dix heures du matin, disait *le Globe*, l'un des chefs de la religion saint-simonienne, le père Bazard[1], indisposé depuis quelques jours, a été subitement saisi par une congestion cérébrale. — Une saignée abondante, suivie d'un traitement convenable, a rapidement fait disparaître tous symptômes inquiétants. Hier mercredi, le père Bazard a pu se lever et recevoir les membres de la famille saint-simonienne. »

1. Cette première attaque frappa Bazard dans la chambre de Jules Lechevalier. On le coucha sur un canapé où il resta pendant qu'on pratiqua la saignée. Il avait les membres immobiles et la langue liée. Mais son œil témoignait que la compression du cerveau laissait encore à cette haute intelligence sa force et sa vivacité. L'un des assistants dit à Enfantin : *C'est Hercule enchaîné*. Il était facile, du reste, d'apercevoir, à travers le calme inaltérable d'Enfantin, qu'il était profondément et douloureusement affecté.

XII

(1831)

(Septembre - octobre.)

Malgré la dissidence qui avait éclaté entre ses chefs, malgré les préoccupations extrêmes des membres du collége, le saint-simonisme continuait son mouvement de progression vaste et rapide. Tous les degrés fonctionnaient comme si l'harmonie existait toujours au rang suprême. Point de ralentissement ni d'interruption dans le cours régulier des prédications, des enseignements, du prosélytisme individuel, de l'organisation des maisons ouvrières et des publications quotidiennes et hebdomadaires. Dans les premiers jours de septembre, *le Globe* inséra divers rapports adressés aux pères suprêmes sur la situation spéciale de chacune des branches de l'apostolat saint-simonien. Ces rapports, lus dans une réunion de la famille, indiquaient tous un état général d'activité et de succès pour la doctrine. Nous les reproduisons ici, parce qu'ils sont devenus d'importants documents historiques, des moyens précieux d'exactitude et d'appréciation impartiale pour les générations qui auront à prononcer sur les idées de Saint-Simon, d'Enfantin et de leurs collaborateurs ou disciples.

Rapport aux Pères, par Gustave d'Eichthal, membre du collége, sur la situation financière.

« Mes Pères,

» Saint-Simon, dans le *Nouveau christianisme*, met dans la bouche de Luther les paroles suivantes, adressées au pontife souverain de l'Église romaine :

« Il faut que vous établissiez clairement l'unité du but matériel dans tous les travaux du clergé ; il faut que la papauté rende publiquement compte de chacun de ses actes ; il faut qu'elle établisse clairement en quoi ces actes peuvent contribuer à l'amélioration morale, intellectuelle et physique de la classe la plus nombreuse. »

» Ce commandement, émané de notre maître, ne périra pas : il deviendra la règle du pouvoir institué par lui pour réaliser sur la terre l'association universelle de tous les peuples et de tous les hommes. La publicité, conquête la plus précieuse de toutes celles du libéralisme, dans sa lutte contre le pouvoir absolu, sera religieusement consacrée par nous; elle ne pourra même recevoir que de nous son complet développement, car chez nous seulement l'intérêt du plus grand nombre est la base de tous les actes sociaux. Mais tandis que, en dehors de nous, la *publicité* n'est qu'un moyen de *contrôle*, une *garantie* réclamée par un peuple défiant contre un pouvoir suspect, *chez nous* elle sera un moyen d'enseignement et d'éducation par lequel l'amour des chefs sollicitera incessamment l'affection et le zèle des subordonnés, en leur présentant le tableau des bienfaits du passé et les besoins de l'avenir.

» Vous m'avez commandé de préparer pour notre famille, et pour le public même que nous convertissons, un tableau de notre marche financière depuis l'époque de la première constitution de la famille saint-simonienne. L'importance croissante de notre action religieuse, celle de nos besoins, celle même de nos ressources, motivent cette démarche, qui eût été jusqu'ici sans intérêt et sans utilité. Elle sera désormais périodiquement renouvelée. Ce sera pour notre famille et pour le monde un nouveau sujet d'édification que de connaître le détail de notre *économie* intérieure. Nous devons écarter le *secret* de nos *actes* aussi bien que de nos *dogmes*, car les uns comme les autres n'ont qu'un même but, l'amélioration du sort de la classe pauvre. Depuis longtemps nous avons, par des publications nombreuses, mis nos théories au grand jour, nous avons ouvert nos salles de conférences à ceux qui sentaient le besoin d'en venir faire près de nous une *étude* plus approfondie, de même, à l'avenir, nous donnerons un compte public de nos progrès, de nos espérances, de nos besoins dans l'ordre *matériel*, et nos bureaux seront ouverts à tous ceux qui chercheraient, dans des communications plus étendues, une justification du désir qu'ils éprouveraient de nous *seconder*.

» Pendant les cinq années qui suivirent la mort de Saint-Simon, ses disciples restèrent d'abord à l'état d'*école;* et lorsque ensuite ils passèrent à celui de RELIGION, ce fut seulement en quelque sorte sous le rapport spirituel ; il n'y avait pas encore entre eux de vie matérielle commune. Les dépenses occasionnées par les travaux de cette époque furent supportées par nos pères ; ils y subvinrent avec les ressources dont ils pouvaient personnellement disposer.

» Mais dans l'automne de 1830, l'impulsion donnée à la doctrine par la révolution de juillet, nécessita de notre part un grand développement matériel. Une maison commune fut fondée à l'hôtel de Gèvres, nos pères s'y établirent et rassemblèrent autour d'eux un assez grand nombre de leurs fils. *Le Globe* qui, en sortant des mains des doctrinaires, paraissait marcher à une dissolution certaine, fut pris et continué par nous. Une salle spéciale fut consacrée à nos prédications publiques. Des ouvrages, destinés à propager la doctrine, furent imprimés et distribués en grand nombre. Des réunions hebdomadaires furent instituées, destinées à resserrer les liens d'affection entre les membres de la famille, et à nous procurer un contact plus intime avec les étrangers qui se rapprochaient de nous. Des missions furent envoyées dans les villes les plus importantes. Un assez grand nombre de personnes furent enlevées à leurs anciennes occupations, pour être classées pour les différents services de la prédication, des missions, de la propagation individuelle, du *Globe*, de l'enseignement, de l'administration.

» Pour faire face à ces dépenses multipliées, et en particulier aux charges lourdes et pressantes que nous imposait l'acquisition du *Globe*, nos ressources actuelles étaient absolument *nulles*. Mais vous vous souvîntes, mes pères, que depuis plusieurs années vous aviez employé vos efforts à faire pénétrer dans le cœur de plusieurs hommes la *science* et l'*amour* de la *religion* nouvelle; sûrs du dévouement de vos fils, vous leur demandâtes de *pratiquer* ce que depuis longtemps déjà ils *professaient;* votre voix fut entendue, les ressources ne manquèrent plus.

» Depuis cette première époque, le besoin de donner une extension toujours nouvelle à la propagation de notre foi, nous a fréquemment et volontairement fait dépasser la limite des besoins financiers qui avaient suffi à nos efforts précédents, car nous étions pleins d'une religieuse confiance dans l'avenir, et nous nous sentions fortifiés par le succès même qui a toujours récompensé notre confiance. Chacun de ces temps de progrès a été, pour les enfants de Saint-Simon, l'occasion de se sentir plus reliés entre eux et plus puissants sur le monde qui les entoure. Pénétrés de la grandeur de l'œuvre à laquelle ils travaillaient, persuadés que du triomphe de la religion nouvelle dépendaient le salut de l'humanité, leur propre bonheur et celui des êtres qui leur étaient le plus cher, ils ont su, sans briser violemment les liens qui les attachaient à l'ancien monde, satisfaire à ce que réclamaient d'eux les besoins agrandis de la doctrine.

» Voyons, sous une forme claire et simple, quels ont été la nature, l'étendue et l'emploi de ces ressources, fruit d'un religieux dévouement.

» La balance de ces comptes au 31 juillet dernier présentait les résultats suivants :

RECETTES.

Comptes d'apport	218,379 fr.
Comptes d'emprunts	20,528
Effets à payer	3,698
Divers comptes courants	7,781
Apports de mobilier	» »
	250,386 fr.

DÉPENSES.

Dépenses extérieures.

GLOBE, depuis le 22 septembre 1830, organisation et dépenses diverses. Dépense nette	106,225 fr.	
Locations des salles	15,681	
Missions de Belgique, du Midi, de Normandie, de l'Est	16,197	
Total des dépenses extérieures	138,103 fr.	138,103 fr.

Dépenses intérieures.

FRAIS D'ÉTABLISSEMENT de deux maisons communes	10,500 fr.	
FRAIS D'ENTRETIEN depuis le 1er novembre 1830 jusqu'au 31 juillet 1831, des fonctionnaires employés aux divers travaux de la prédication, de l'enseignement, de la conversion individuelle, de la direction des ouvriers, des travaux industriels et de l'administration	72,506	
Total des dépenses intérieures.	83,006 fr.	83,006 fr.
Caisse et portefeuille		29,277
Somme semblable		250,386 fr.

» Mes Pères,

» Notre fils Stéphane Flachat, dans un rapport qui suivra le nôtre, exposera quel emploi nous avons fait de nos fonds. Je dois seulement constater ici que, dans ces temps d'apostolat, la rétribution *matérielle* de chacun de nous a été bien inférieure à celle à laquelle il aurait pu prétendre dans le monde extérieur, et que, sous cette face, notre dévouement n'a pas été moins incontestable que sous toutes les autres.

» Je passe à l'examen de nos différentes natures de recette.

» Les sommes portées au compte d'apports ont été fournies, dans la proportion suivante, par les différents degrés de la hiérarchie :

» Membres du collége.........	165,550 fr.
» Membres du second degré...	38,431
» Membres du troisième degré.	14,398
	218,379 fr.

» Mes Pères,

» Vos fils ne veulent, aux insinuations malveillantes trop souvent dirigées contre notre sainte association, d'autre réponse que ce tableau. On saura maintenant que parmi nous, ceux qui ont à espérer les plus grands avantages du succès de la doctrine, qui prennent sous votre conduite la part la plus immédiate à son gouvernement, sont aussi ceux qui ont fait pour son triomphe les plus grands *sacrifices*, si je puis me servir de ce mot, bien peu conforme au sentiment dont nous sommes animés, mais que l'usage du monde consacre. Et s'il est encore possible de nous taxer d'imprudence et d'exagération dans notre dévouement, nul, du moins, n'aura le droit de murmurer contre nous le mot d'*exploitation*.

» Nous le savons, d'ailleurs, les préventions dont nous sommes l'objet sont faciles à expliquer et même à excuser ; tout est plein, autour de nous, du souvenir des ténébreuses pratiques mises en œuvre, auprès des âmes faibles, par un sacerdoce dégénéré, alors que, devenu infidèle à la mission de paix et d'émancipation dont Dieu l'avait chargé, il employait, au soutien d'une grandeur défaillante, les terreurs de la réprobation et l'autorité que lui donnait l'antique vénération des peuples. Mais pour nous, hardis novateurs, voués à la tâche glorieuse mais laborieuse de l'apostolat, pour nous qui avons dégagé la religion de ce cortége de terreurs dont le christianisme même l'avait laissée environnée ; pour nous, il n'y a qu'une chance de succès dans nos conversions, c'est de nous adresser à ce qu'il y a de plus fort en moralité, en intelligence, en énergie parmi les hommes; il n'appartient qu'à de grands cœurs de nous apporter de grandes richesses, et on peut affirmer que, parmi nos prosélytes, le dévouement, sous le rapport matériel, sera toujours un signe certain de puissance et de capacité personnelles.

» Les sommes qui figurent au compte d'apports ne représentent que la portion déjà réalisée de nos propriétés; 600,000 fr. environ composent le surplus des dons faits jusqu'à ce jour à la doctrine. La réalisation s'en poursuit incessamment avec zèle, et cependant sans précipitation, car nous tenons à ne rien blesser, à ne rien froisser, et nous nous efforçons de conserver, de resserrer même les liens qui nous attachent à l'ancien monde, en même temps que nous nous lions plus intimement au monde nouveau.

» Les comptes d'emprunts, d'effets à recevoir, les soldes de ces divers comptes courants, présentent les premiers résultats de notre crédit encore à sa naissance. A mesure que nos intentions et notre marche seront mieux connues, que le caractère providentiel de notre mission sera mieux apprécié, nous aurons à puiser aux sources du crédit des moyens de réalisation plus abondants.

» Mes Pères,

» Plusieurs en apprenant notre règle de conduite financière ne peuvent se défendre d'un mouvement de surprise; ils s'étonnent de nous voir incessamment employer à l'extension de notre œuvre apostolique, la portion réalisée de nos capitaux; ils nous conseillent plus de prévoyance; ils veulent que, par une prudente accumulation, nous nous ménagions d'imposantes ressources, ils veulent, en un mot, que nous consommions nos revenus et non nos capitaux.

» Notre conduite n'a cependant rien que de conforme à celle de tous les hommes qui *travaillent;* pour ceux-là il est de règle d'employer au développement de leur entreprise tout ce qu'ils ont de fonds disponibles, de convertir leurs capitaux en instruments de travail de l'espèce de ceux dont ils font usage; pour eux, le succès est à cette condition. Or notre travail, notre entreprise à nous, c'est l'*apostolat;* entreprise la plus difficile comme la plus grande de toutes. Comment donc, en présence d'une pareille œuvre, pourrions-nous laisser inactive aucune de nos ressources.

» Quoi qu'il en soit, notre hardiesse attestera du moins la sincérité de notre conviction. Oui, certes, NOUS SOMMES RELIGIEUX, car si nous ne l'étions pas, si nous n'avions pas foi en une *Providence* dont nous accomplissons les volontés; si les sentiments que nous professons n'étaient, comme on l'a prétendu, qu'une vaine et trompeuse affectation, comment aurions-nous sacrifié à ce mensonge notre avenir tout entier? Et vous mes Pères, comment auriez-vous eu la force, incompréhensible pour qui ne *croit* pas comme nous, de nous appeler à vous suivre dans cette carrière hasardeuse, et d'assumer sur vous la responsabilité de tant d'existences dont tout l'avenir est maintenant en vous? Mais nous SOMMES RELIGIEUX; vous avez eu foi, ô mes Pères, dans la promesse divine révélée par Saint-Simon; vous avez vu devant vous l'humanité à sauver, vous êtes allés à elle, vous avez conduit vos enfants à son aide; vous lui avez demandé en retour, pour vos enfants et pour vous, afin de travailler plus efficacement encore à l'amélioration du sort de la classe nombreuse, AMOUR et richesse! Soyez bénis, ô mes Pères, *amour*, *gloire*, *gloire* et *richesse* ne nous manqueront pas : LE MONDE EST A QUI LE SAUVE. »

Rapport de Stéphane Flachat, sur les travaux de la famille saint-simonienne.

« Mes Pères,

« Vous m'avez ordonné de vous présenter un résumé de la situation de la famille saint-simonienne, je vous ai obéi avec joie. En jetant ce regard sur un passé que vos inspirations ont rendu si glorieux, j'ai senti grandir en moi l'avenir saint-simonien, et toute ma vie, que je vous avais donnée avec amour, aujourd'hui je vous la donne avec une confiance qui n'a plus de bornes.

» Jésus a dit aux hommes : AIMEZ VOTRE PROCHAIN COMME VOUS-MÊME, et ne pouvant leur en dire davantage parce qu'ils ne l'auraient pu porter [1], il dut ajouter, afin que sa parole fructifiât : *Rendez à César ce qui appartient à César;* et il plaça DANS LE CIEL *la rétribution suivant les œuvres.*

1. Évangile selon saint Jean, chap. XIV, v, 12, 13 et suivants.

» Quand Jésus prêcha cette loi *les temps étaient venus.*

» Le monde connu se taisait sous le glaive de Rome ; la guerre l'avait soumis à un seul peuple, à une seule loi, à une seule langue, afin de préparer les esprits et les cœurs à la connaissance d'un seul Dieu. Ainsi la route était ouverte de Jérusalem à Rome, et le christianisme triompha, et à sa voix tomba l'esclavage, et alors s'accomplit un des plus grands progrès de l'humanité.

» SAINT-SIMON a dit aux hommes, mûrs pour une RÉVÉLATION DÉFINITIVE : ASSOCIEZ-VOUS; la race humaine ne doit former qu'une grande famille; TRAVAILLEZ, l'âge d'or est devant vous. Dès aujourd'hui et dans ce monde, *à chacun suivant sa capacité, à chaque capacité suivant ses œuvres.*

» Quand Saint-Simon prêcha sa loi : *les temps étaient venus.*

» Le catholicisme et la féodalité venaient de tomber sous les coups de la hache populaire, parmi le peuple enseigneur de tous les autres peuples. La société était divisée jusqu'alors en TROIS classes, patriciens, plébéiens, esclaves, seigneurs, tiers-état, serfs, la France, désormais n'en reconnaissait plus que DEUX ; bourgeois et prolétaires, oisifs et travailleurs. A ce terme il ne restait plus de progrès à faire que celui de L'ASSOCIATION UNIVERSELLE.

» La voix de SAINT-SIMON, annonçant l'association universelle, dut cependant rester incomprise, méprisée, jusqu'à ce que les bourgeois eussent assuré la victoire que, par le peuple, ils avaient remportée sur la féodalité.

» Jésus, né dans une étable, était mort sur la croix; Saint-Simon, descendant de Charlemagne, mourut dans une affreuse misère. Mais un disciple était près de lui, il lui légua sa promesse en lui disant : continuez mes travaux, j'en jouirai; L'AVENIR EST A NOUS.

» Le disciple de Saint-Simon appela successivement d'autres disciples; la doctrine put d'abord être propagée par un journal périodique [1]; bientôt elle reçut la sanction d'une discussion et d'une controverse publiques, que le maître pendant sa vie n'avait pu obtenir [2].

» Et quand les disciples de Saint-Simon furent prêts, unis entre eux religieusement et hiérarchiquement sous votre autorité suprême, *les signes des temps éclatèrent*.

1. *Le Producteur*.

2. Dans la salle de la rue Taranne, où avaient lieu des conférences suivies par plusieurs centaines de personnes,

» Un dernier effort fut tenté, par le catholicisme et la féodalité, un moment revenus à la vie. Les bourgeois s'alarmèrent, la presse protesta, le peuple combattit: il triompha.

» Puis les bourgeois se rassurèrent, une partie de la *presse* passa à l'administration; le peuple s'arrêta quelques jours à se reposer, à étancher son sang, à s'entendre féliciter, admirer; et, plein d'espoir, il retourna à son travail.

» Et comme dans son ignorance, incapable de formuler nettement ses besoins et ses espérances, il s'était rallié au cri bourgeois de : *Vive la loi! vive la Charte!* les bourgeois se persuadèrent qu'en élargissant la loi dans *leur* intérêt, en amendant la charte dans le cercle de *leurs* besoins; ils satisferaient aussi les intérêts, les besoins du peuple; ils s'imaginèrent fermement que, par leur travail législatif *d'un jour*, *l'abîme des révolutions était fermé*, et que *trois jours de combat du peuple* leur assuraient à eux un repos *durable, éternel.*

» Erreur excusable, mais qui suffisamment démontrée aujourd'hui par une année d'émeutes sans cesse renaissantes, témoignages éclatants des misères de LA CLASSE LA PLUS NOMBREUSE, doit avoir son terme enfin, sous peine d'ébranlements plus longs, plus profonds encore que ceux qui signalèrent la lutte de la bourgeoisie et de la féodalité.

» Dans de telles circonstances, l'œuvre sociale la plus large, la plus utile, la plus sainte, serait celle sans doute qui consisterait à rappeler incessamment à la bourgeoisie, et dans son intérêt, que toutes les institutions sociales doivent avoir pour but l'amélioration morale, intellectuelle et physique de la classe la plus nombreuse et la plus pauvre, et à guider la société dans cette voie, la seule qui n'ait pas pour issue l'anarchie et ses sanglantes saturnales.

» Or, cette œuvre, c'est la vôtre, c'est la nôtre; comme notre maître, nous y avons tous voué notre vie, nos facultés, notre fortune; et depuis un an, voici ce que, par vos inspirations, les saint-simoniens ont fait.

» Parmi les organes de la presse libérale avant la révolution de Juillet, *le Globe* avait professé les doctrines les plus avancées. Après cette révolution, la division s'introduisit parmi ses rédacteurs; les uns, ayant atteint leur but, acceptèrent des places; les autres, pensant que le principe de la souveraineté populaire sur lequel se fondait la nouvelle royauté, devait porter toutes ses conséquences, lancèrent *le Globe* dans les voies du républicanisme.

» A leur tête était P. Leroux, l'un des fondateurs du *Globe* en 1824, signataire de la *protestation de juillet.*

» P. Leroux parcourut rapidement tout le champ du système républicain, et bientôt s'arrêta devant un abîme. « Alors il se souvint de la doctrine, l'interrogea de plus près, et à mesure qu'il la connut davantage, ses doutes et ses objections sur sa vérité essentielle et sa mise en pratique s'évanouirent, et alors sciemment et dans la plénitude de sa loyauté, » il vous offrit *le Globe*, comme le plus puissant moyen de propagation qu'il pût donner à la doctrine [1].

» Le dévouement de la famille s'accrut avec cette force nouvelle que venait de lui conquérir la puissance de sa doctrine ; des fonds furent réalisés, et la publication du *Globe* ne fut pas interrompue.

» *Le Globe* parut alors, non plus *journal politique, philosophique et littéraire*, s'enveloppant, comme les autres organes de la presse, d'un nom mystique, dont l'élasticité se prête aux déviations quelquefois nécessaires pour satisfaire aux exi-

1. Profession de foi de P. Leroux, insérée dans *le Globe* du 18 janvier.

gences des abonnés ou en augmenter le nombre. Il parut comme *journal de la doctrine de Saint-Simon,* formulant cette doctrine en quelques lignes placées en tête de la feuille, savoir :

RELIGION

SCIENCE — INDUSTRIE

ASSOCIATION UNIVERSELLE

» Toutes les institutions sociales doivent avoir pour but l'amélioration MORALE, intellectuelle et physique de la classe la plus pauvre et la plus nombreuse.

» Tous les priviléges de la naissance sans exception seront abolis.

» A chacun selon sa capacité, à chaque capacité selon ses œuvres.

» Depuis ce temps on connaît l'attitude prise par *le Globe,* et comment sur toute question politique (et depuis un an, le sujet a été grave et difficile), est intervenue par lui la solution saint-simonienne.

» Mais la famille saint-simonienne ne borne pas là ses efforts. Dépositaires de la loi du progrès, vous lui enseignez chaque jour, que vous ne l'avez reçue de Saint-Simon qu'à la condition de la propager, comme il le fit lui-même avec un dévouement toujours plus grand; et toutes les voies apostoliques qui étaient ouvertes à la doctrine, elle les a parcourues.

» Enseignements, prédications, missions, écrits, tout ce qui offrait un moyen de propagation et de publicité, elle l'a employé; et le succès de ces travaux a dépassé, non, sans doute, les espérances que vous en aviez conçues, mes Pères, mais celles de vos enfants.

» Aujourd'hui nos enseignements, d'hebdomadaires qu'ils étaient, sont quotidiens. Certains jours de la semaine en comptent plusieurs. Le dimanche il en est fait quatre, dont un pour les ouvriers; premier lien, lien puissant établi entre la famille saint-simonienne et la CLASSE LA PLUS NOMBREUSE.

» Notre principale salle est devenue trop étroite à la foule qui s'y presse pour y entendre les développements de notre foi, revêtue de ses formes les plus animées, les plus religieuses, pour y applaudir nos prédications.

» Les missions envoyées par vous à toute la France et à l'étranger, ont fondé en France six églises départementales, à Toulouse, Montpellier, Lyon, Metz, Dijon et Limoges; et des centres de propagation dans neuf autres villes importantes, et enfin, en Belgique, une église et six centres de propagation.

» L'assemblée de la bourgeoisie, la chambre des députés, qui, depuis un an, n'avait songé au peuple que pour lui payer son coup de main de juillet[1] par quelque argent et des médailles, et pour lui faire quelques jours après une loi martiale, vient enfin, dans un acte solennel sur lequel était fixée l'attention de l'Europe, de déposer un premier vœu en faveur de LA CLASSE LA PLUS NOMBREUSE.

» Et tandis que la presse de Paris, absorbée par les petits intérêts qui se grossissent dans le vide des discussions des *trois pouvoirs*, n'a généralement témoigné que d'un intérêt médiocre pour le premier vœu de la bourgeoisie en faveur de la CLASSE LA PLUS NOMBREUSE, la presse départementale, s'avançant hardiment sur la route que nous avons ouverte, a signalé ce fait comme dominant toute la discussion; et alors, dans plusieurs journaux, nos formules ont été textuellement reproduites et développées. Immense progrès dont votre famille glorifie et son maître, et ses pères qui le continuent.

» Dans les chaires du Collége de France, il a été

1. Prédication du 31 juillet, *le Globe* du 1er Août.

dit, et nous seuls pouvons sentir toute la portée de cette parole, *que le génie original et profond de Saint-Simon avait rendu l'initiative à l'école philosophique de France.*

» Enfin, mes Pères, chargés *d'enseigner* que toute institution sociale doit avoir pour but l'amélioration morale, intellectuelle et physique de la classe la plus nombreuse et la plus pauvre, nous avons *pratiqué* la loi à la propagation de laquelle est vouée notre vie.

» Un enseignement a été ouvert aux ouvriers, et il a porté ses fruits [1]. Plus nombreux tous les jours, tous les jours aussi les prolétaires nous comprennent mieux et nous aiment davantage. Déjà, du degré des ouvriers, ont jailli de ces larges capacités qui s'ignoraient elles-mêmes, et à qui nous avons révélé le secret de leurs forces. Et bientôt dans le sein de

1. Il a été expliqué dans l'*Organisateur* pourquoi il a dû être ouvert un enseignement spécial aux prolétaires. L'on y a dit : « Nous avons dû accepter la société telle qu'elle est, et faire *séparément l'éducation* d'hommes et de femmes placés par le hasard de la naissance dans des conditions si différentes. L'*éducation* a pour objet, dans les deux degrés des prolétaires et des bourgeois, de préparer ceux et celles qui les composent à une transformation telle que, d'une part, tout *dédain* disparaisse, et que, de l'autre, toute *défiance* soit effacée, afin que la réunion des bourgeois et des prolétaires qui s'opère successivement dans le degré d'*initiation*, soit complète, franche et dégagée de toute arrière-pensée.

notre famille, des mains d'hommes et de femmes qui furent *bourgeois* ont serré fraternellement, filialement, des mains d'hommes et de femmes qui furent *prolétaires*. Ainsi par vous, mes pères, s'est fondé la *famille universelle*.

» De quelle sainte émotion toute votre famille n'a-t-elle pas été saisie, lorsque au jour de la communion, des pères et mères ouvriers ont apporté leurs petits enfants à la famille, et nous les ont donnés pour qu'ils entrent dans notre maison d'éducation. Tous nos enfants doivent être élevés avec leurs enfants, tous doivent être ensuite classés dans la famille, chacun suivant sa capacité.

» Vous savez enfin quelle a été notre joie lorsque le rapport de notre père Fournel nous a fait connaître tout ce qui était déjà accompli par la famille pour l'amélioration de la CLASSE LA PLUS NOMBREUSE, et surtout la prochaine fondation de ces maisons communes où nous donnerons aux ouvriers autant de morale, d'instruction et de bien-être à la fois qu'il est possible de leur en donner aujourd'hui.

» Gloire soit donc à vous, mes pères; vous avez appris à vos fils de grandes choses, et ils ont fait de grandes choses, par vous, enseigneurs, prédicateurs, missionnaires, écrivains, journalistes, ils ont suffi à tout.

» Ils ont suffi aussi, avec vous, aux DÉPENSES de tous ces travaux ; et sur ce point, mes pères, j'éprouve plus de besoin encore de révéler à tous ce que nous sommes.

» La presque totalité d'entre nous, privilégiés de la naissance, a dû à ce hasard une forte instruction. Pour plusieurs, ce hasard y avait joint de la fortune.

» Élèves de l'École polytechnique, de l'École de droit ou de médecine, savants, artistes, industriels, tous nous courions des carrières honorables. Ingénieurs du gouvernement, militaires, médecins, avocats, magistrats, professeurs, hommes de lettres, fabricants, vivant enfin de leurs travaux, beaucoup parmi nous avaient signalé par des succès les premiers pas de leur carrière, et s'étaient fait une existence indépendante et sûre; ils l'ont quittée pour l'apostolat saint-simonien.

» D'autres joignaient de la fortune à ces professions honorables ; plusieurs étaient riches, et encore incertains de l'usage à faire de leur indépendance.

» Tous ont apporté tout ce qu'ils avaient : *sympathies*, *capacité* et FORTUNE.

» Huit cent mille francs ont été ainsi donnés à la doctrine, sur lesquels elle a réalisé environ deux cent quarante mille francs. Le reste est en propriétés immobilières, dont la réalisation éprouve des lenteurs.

» Le rapport fait par notre père G. d'Eichthal exprime par des chiffres ce qu'avaient déjà exprimé ces paroles de notre père Barrault [1].

» De notre budget, nous avons fait deux parts ; la plus faible pour nous-mêmes, la plus large pour le développement de notre croyance. Nous avons appliqué l'épargne à nous-mêmes, le luxe à la manifestation de notre croyance.

» Cent quarante mille francs à la propagation, soixante-douze mille francs à l'entretien des fonctionnaires saint-simoniens, tels sont ces chiffres, et du dernier il résulte, que chacun des fonctionnaires saint-simoniens coûte à la famille environ dix-huit cents francs par an.

» En rappelant ici ce dernier résultat, ce n'est pas l'économie pratiquée par la famille dans son intérieur que j'ai surtout en vue de faire ressortir.

» Mais ce qui me frappe, et ce qui frappera sans nul doute tout homme qui réfléchit et qui calcule,

1. Prédication du 28 août, *Globe* du 29.

c'est la puissance d'économie que nous donne le lien religieux qui nous unit, et la hiérarchie à laquelle nous obéissons; car la hiérarchie est pour la famille saint-simonienne un immense levier qui décuple ses capitaux et ses forces. Par elle, les plus grands services rendus à la doctrine sont payés en respect, en amour ; et pour ceux qui les reçoivent, ce prix est grand, nous le savons tous.

» Ainsi, *le Globe* n'avait que cinq cents abonnés, il a été distribué pendant neuf mois à quinze cents, deux mille et deux mille cinq cents exemplaires, et il ne nous a présenté qu'un déficit de quatre-vingt-dix mille francs en sus du prix d'achat. Or, chacun sait, et les discussions dans les chambres l'ont assez appris, quelle somme considérable est nécessaire à la publication d'un journal.

» Ces réflexions s'appliquent avec autant de force à toute autre œuvre de la doctrine.

» Que les hommes graves auxquels nous nous adressons comparent les immenses résultats obtenus par notre foi apostolique avec les ressources que nous y avons employées.

» Le nom de Saint-Simon a été proclamé sur toute la surface du monde civilisé.

» Il n'est pas une intelligence un peu élevée qui ne soit saisie des principes généraux de ses doctrines.

» Notre religion, née d'hier, a déjà un nombreux sacerdoce.

» Et pour tout cela que nous a-t-il fallu? Cinq années d'élaboration intérieure, une année de la plus large publicité, et, dans cette année, deux cent vingt mille francs seulement de dépenses.

» Maintenant que ces hommes réfléchissent, nous sommes à la hauteur de notre mission : ils peuvent, ils doivent venir à nous.

» A voir la division si tranchée qui, autour de nous, d'un peuple fait deux peuples si profondément divisés d'intérêts;

» A voir la violence et l'arbitraire dont sont empreintes, contre les prolétaires, les lois faites par les bourgeois;

» A voir la misère qui, malgré les prescriptions impuissantes des codes et des chartes, pèse, héréditaire, sur LA CLASSE LA PLUS NOMBREUSE;

» A voir en même temps les progrès faits par cette classe, et la pénétration avec laquelle elle sonde aujourd'hui et sa position et celle de ses *maîtres*;

» A voir sur nos rues, dans nos places, l'émeute flagrante, se soulevant au moindre signal, et quelquefois même sans cause apparente;

» Qui oserait prétendre que le premier événement de quelque gravité, dont les pressentiments de tous semblent à chaque heure du jour attendre ou redouter la nouvelle, ne sera pas le terrible signal d'une guerre dont les déchirements se feraient sentir jusqu'aux entrailles de la société : la guerre de ceux qui n'ont rien contre ceux qui possèdent.

» Et si, par nous, elle ne devait être conjurée, l'issue n'en saurait être un seul instant douteuse, les prolétaires triompheraient ; mais où s'arrêteraient les vainqueurs?

» Toute la question européenne est là.

» Que l'on réfléchisse aux longs retentissements que trois jours de combat des prolétaires parisiens ont eus parmi tous les prolétaires européens. Que serait-ce après une année de guerre? que serait-ce surtout en Angleterre?

» Mes pères, souvent vous nous avez dit que la religion saint-simonienne ne pourrait trop tôt faire entendre sa voix à ce grand pays, si beau industriellement, si arriéré politiquement et religieusement. En nous parlant ainsi, vous aviez sans nul doute présente à l'esprit l'affreuse position de la CLASSE LA PLUS NOMBREUSE de l'Angleterre, et vous pensiez aussi d'elle ce qu'en a pensé Saint-Simon lorsqu'il a dit que : « Les prolétaires anglais sont » toujours animés des sentiments qui les poussent à » profiter des premières circonstances qui peuvent

» se présenter, pour commencer la GUERRE DES » PAUVRES CONTRE LES RICHES [1] ».

» C'est dans ces circonstances graves que nous nous présentons.

» Aux bourgeois nous disons : NOUS SOMMES LA VOIX DU PEUPLE [2], réclamant pour lui sa part de l'association ; VOIX ÉNERGIQUE, parce que la demande est juste ; mais VOIX PACIFIQUE, parce que, messagers de l'avenir, il nous a été enseigné par notre maître que la violence est rétrograde, et que son règne est dans le passé.

» Au peuple, nous avons dit, nous répétons tous les jours : NOUS SOMMES LA VOIX DE LA BOURGEOISIE ; vous tous qui souffrez, vous réclamez l'association universelle, vous l'obtiendrez ; elle est dans les volontés de Dieu. Mais elle ne vous sera donnée que si vous la réclamez PACIFIQUEMENT et GRADUELLEMENT. Car, si vous tentez d'arracher par la violence les instruments de travail à qui les possède aujourd'hui, rappelez-vous que les hommes forts, qui auraient guidé vos fureurs, ne trouveraient ni trop grands ni trop somptueux pour eux-mêmes les hôtels et les palais dont ils auraient

1. *Opinions philosophiques*, page 105. N'est-ce pas la prédiction du fenianisme?

2. Prédication du père Transon, *le Globe* du 27 juin.

chassé les possesseurs, et vous n'auriez fait que changer de maîtres.

» Et le langage de la famille saint-simonienne aux ouvriers leur est parvenu par l'organe d'une FEMME [1].

» Et, encore un coup, ce que nous leur enseignons, nous le pratiquons avec eux;

» Car des hommes qui furent *prolétaires* sont aujourd'hui, au sein de la famille saint-simonnienne, *pères*, *frères* ou *fils* d'hommes qui, pour eux, il y a peu de temps, étaient *maîtres;*

» Car la maison d'éducation que nous voulons ouvrir réalise, dans toute sa plénitude, l'abolition des droits de naissance et le classement suivant la capacité;

» Car les maisons d'association, que nous allons fonder, réalisent, de l'association universelle, tout ce qu'il est possible d'en réaliser aujourd'hui;

» Car nous avons préparé de larges relations avec l'Allemagne et surtout avec l'Angleterre, pour ouvrir aux prolétaires de ces deux pays, des sources de moralisation, de paix et de bien-être, auxquelles puisent aujourd'hui par nous les prolétaires français.

1. Allocution de notre mère Claire Bazard, aux ouvriers. *Organisateur* des 18 juin et 23 juillet.

» En présence de la stérilité des efforts d'une philanthropie louable sans doute, mais qui, sans croyance religieuse, sans vue d'ensemble, sans moralité générale et à la portée de tous, ne peut que calmer momentanément quelques maux individuels;

» En présence de ces aumônes qui, jetées à pleines mains dans le gouffre toujours béant de la misère populaire, sont à tout jamais incapables de le combler, stériles comme toute souscription, comme toute taxe des pauvres, comme toute part prise sur le *superflu* de la classe la plus riche, pour les *besoins* de la CLASSE LA PLUS NOMBREUSE;

» En présence de l'exploitation ou de la déchéance héréditaire dont sont frappées tant de capacités, tant d'âmes fortes, réduites à la violence et à l'immoralité pour conquérir une *position sociale*, qui ne se mesure aujourd'hui qu'à la *fortune;*

» Et en même temps :

» En présence d'une doctrine qui, seule, porte avec elle un grand caractère d'unité et de généralisation, seule embrasse tous les phénomènes sociaux, et superpose, à toute question de gouvernement et de politique, l'amélioration morale, intellectuelle et physique de la classe la plus nombreuse et la plus pauvre;

» En présence d'une religion qui sanctifie les trois modes d'activité de l'homme : la morale, la science et l'industrie, et constitue définitivement le progrès;

» En présence d'hommes qui ont voué leurs fortunes, leurs facultés, toute leur vie à la propagation de ces doctrines d'ordre et de liberté, de cette religion de l'association universelle;

» Que tout homme, qui a un cœur d'homme, RÉFLÉCHISSE et AGISSE.

» Et nous, mes pères, nous qui, grâces à Dieu, ne sommes pas de ces hommes dont le passé est couvert d'un voile qu'ils tremblent à tout instant de voir déchirer; nous qui vous avons apporté tout ce nous possédions, nous qui pouvons hardiment lever la tête, nous enfin qui avons obtenu, de qui nous aimait, tout ce que nous pouvions obtenir, dès ce jour nous allons marcher à la face du soleil, pressant, poussant, attirant tous les hommes qui, par leur dévouement, leur intelligence et leur richesse, peuvent nous aider dans l'accomplissement de notre œuvre. »

Sommaire du Rappo,t fait par les Directeurs de l'enseignement (Carnot et Dugied), dans l'assemblée du mardi 16 *août.*

« Huit enseignements de la doctrine saint-simonienne sont aujourd'hui en activité dans Paris. Plusieurs autres ne tarderont pas à s'ouvrir.

» Voici le détail de ces enseignements : 1° *L'enseignement central,* qui s'est fait primitivement dans la salle de la rue de Grenelle, puis ensnite à l'Athénée, place Sorbonne, vient d'être transféré et recommencé, sous une nouvelle forme, à la salle Taitbout, où il a lieu *tous les jeudis à quatre heures*. Les trois premières leçons ont été faites par les directeurs des enseignements; elles ont pour objet :

» Un coup d'œil général sur l'avenir réservé à la société ;

» La mission de Saint-Simon et celle de ses disciples ;

» L'historique rapide du développement de l'humanité.

» A ces trois leçons préliminaires vont succéder des expositions plus spéciales sur les différentes parties de la doctrine.

» Guéroult, du deuxième degré, fera l'histoire de l'*industrie* dans le passé, examinera sa situation présente, et posera les bases de son organisation dans l'avenir. Deux leçons ont déjà été faites.

» Lambert, du deuxième degré, exposera pareillement les vues de la doctrine sur la *science*. Simon, du deuxième degré, traitera de l'*éducation*, et de la *législation* considérée comme moyen d'éducation.

» Les leçons sur la *hiérarchie*, la *famille*, les *beaux-arts*, seront distribuées ultérieurement.

» Chacun des trois membres du second degré, auxquels est confié l'enseignement central, est lui-même chargé de la direction d'un enseignement secondaire ; chaque directeur est assisté par un ou plusieurs de ses frères, qui l'aident à soutenir les discussions avec l'auditoire.

» 2° Enseignement de l'Athénée *tous les mercredis soir à huit heures*. Directeur Simon, assisté par Baud, du deuxième degré, et Guéroult.

» L'exposition est divisée, pour les matières à traiter, à peu près comme l'enseignement central.

» Benoiste, du troisième degré, qui a décrit, en deux séances, le progrès moral de l'humanité, fera des leçons sur le progrès scientifique.

» Ribes, du troisième degré, traitera de l'industrie ; il a déjà commencé.

» Massol, du troisième degré, développera nos idées sur l'éducation.

» Cet enseignement est habituellement suivi par quatre à cinq cents auditeurs. Contrairement à l'usage observé jusqu'ici dans nos cours, la même personne a mission de traiter un sujet dans toutes ses parties. Outre l'avantage qui doit résulter de cette mesure nouvelle pour la régularité des expositions, les directeurs de l'enseignement en ont reconnu un autre non moins précieux, qui est celui-ci : plusieurs expositions devant se succéder, et les rôles étant échangés mutuellement, chacun de ceux qui en sont chargés parcourra avec détail toutes les parties de la doctrine, et arrivera ainsi à la posséder complétement.

» 3° L'*instruction* qui a lieu *tous les dimanches à deux heures*, à l'Athénée, n'est point un enseignement régulier : tantôt on choisit pour texte quelques-uns des articles principaux du *Globe*, tantôt une question de politique, indiquée le plus souvent par les besoins de l'auditoire, manifestés dans les séances précédentes. Des discussions animées s'ouvrent ensuite et durent quelquefois plusieurs heures. Hormis le directeur Simon, personne n'est affecté spécialement à cette instruction, qui est faite tour à tour par les membres des divers enseignements.

» 4° Rue Taranne n° 11. *Tous les samedis soir à huit heures.* On y est admis avec des cartes qui se distribuent rue Monsigny.

» Guéroult est le directeur de cet enseignement fait par Huguet, du troisième degré, Biard et Surbled, du degré d'initiation. Les différents sujets de la doctrine y sont traités non dans un ordre prescrit à l'avance, mais selon les besoins de l'auditoire. L'institution de la famille vient d'y être exposée ; l'organisation des corps savants va l'être prochainement. Guéroult est assisté par Simon.

» 5° Athénée. *Tous les lundis soir à huit heures.* Directeur Fuster, assisté par Lambert.

» Cet enseignement a le même caractère que celui de la rue Taranne : mais il est public. Buchey et Jules Leroux, du troisième degré, vont entrer dans le développement de l'éducation et de la législation.

» 6° Athénée. *Tous les samedis soir à huit heures* Lambert, assisté de ses frères Fuster et Rigaud, dirige cet enseignement, destiné aux hommes qui s'occupent de l'étude des sciences. Il n'a point pour objet d'exposer particulièrement les vues scientifiques de la doctrine, mais bien l'ensemble même de la doctrine sous des formes convenables aux habitudes intellectuelles de l'auditoire. Plus de deux cents personnes y assistent.

» 7° Salle Taitbout. *Tous les lundis soir à huit heures*. Enseignement pour les artistes, dirigé par Henri, du deuxième degré, assisté de ses frères Baud et Charton. De même que la précédente, cette exposition n'est point consacrée spécialement à l'étude des beaux-arts; mais sa forme est celle qui convient à des hommes que leurs goûts et leurs travaux rendent éminemment accessibles à un langage sympathique. Les beaux-arts étant l'expression de la vie sociale, on s'attache à signaler la nouvelle voie qui leur est ouverte, par un ordre nouveau de sentiments, de pensées et d'actions.

» 8° Rue Monsigny. *Tous les lundis soir à huit heures*. Directeur Pin, du deuxième degré.

» Cet enseignement, dont la forme est tout à fait familière, s'adresse à un nombre assez borné d'ouvriers, membres du degré préparatoire. Il a particulièrement pour objet de mettre quelques-uns d'entre eux en état de prendre part à de grands enseignements pour les ouvriers, qui ne tarderont pas à être fondés.

» 9° Un enseignement en langue italienne, fait

par Prati, qu'assisteront Simon et Duguet, est ouvert depuis *le mardi* 6 septembre dernier *à deux heures*, salle Taitbout, et se continue *tous les mardis à la même heure*.

» Dans un autre rapport, il sera question de l'état des enseignements dans les différentes villes où la doctrine saint-simonienne a institué une famille. »

Rapport de Henri Fournel sur le degré des ouvriers [1].

« Mes Pères,

« Lorsque, il y a trois mois, vous nous avez envoyés, ma sœur Claire et moi, au devant de la classe souffrante, une vingtaine d'ouvriers se réunissaient, chaque dimanche dans l'un des salons de la rue Monsigny, et, là, recevaient l'enseignement de notre religion. Bientôt nous fîmes un appel à leurs femmes, à leurs sœurs, à leurs mères, et toutes entendirent notre appel, et notre famille, plus nombreuse, dut être assemblée dans l'enceinte plus large de la rue Taitbout. Chaque jour le nombre

1. Le degré des ouvriers est sous la direction de Henri Fournel et de Claire Bazard, membres du collége.

de nos enfants allait croissant: chaque jour les misères que nous pouvions compter autour de nous grandissaient. Nous comprîmes rapidement qu'il ne s'agissait pas seulement d'enseigner la doctrine de Saint-Simon à cette multitude souffrante, mais qu'il fallait, pour elle, en hâter de toutes nos forces des applications même restreintes; nous comprîmes que notre action essentielle devait ici s'appliquer à *gouverner*, en ayant toujours présente à l'esprit cette double action qui consiste à *diviser* et à *combiner* les efforts.

Organisation des douze arrondissements.

» Notre premier acte fut donc de placer, dans chacun des douze arrondissements de Paris, un directeur et une directrice chargés de veiller sur tous les ouvriers saint-simoniens, de faire de nouvelles conversions, de réunir le plus souvent possible les ouvriers déjà convertis, pour opérer sur eux une transformation de plus en plus complète.

Réunion des directeurs.

» Il s'agissait de donner une impulsion commune à tous ces chefs partiels, et de faire que notre action pût être permanente et de tous les instants, quand la nécessité s'en ferait sentir ; c'est dans ce but que nous avons fixé, au samedi de chaque semaine, une réunion de tous les directeurs et directrices d'arrondissement. Là, chacun d'eux nous remet *un rapport écrit* sur tous ses actes de la semaine ; chacun d'eux nous entretient des diverses questions qui ont pu lui être adressées, et qu'il aurait laissées sans réponse satisfaisante. Notre tâche à nous est d'éclaircir ce qui a pu rester obscur, d'appeler l'attention sur les actes nouveaux qu'il est urgent d'accomplir, et de faciliter, par nos conseils, l'exécution des ordres que nous donnons. Mais ce n'était pas assez : des registres devaient être tenus où seraient indiqués les noms, la demeure, la profession, etc., de tous les ouvriers saint-simoniens ; il fallait que les cartes, soit pour l'enceinte, soit pour les tribunes de la salle Taitbout, fussent distribuées régulièrement ; il fallait que des ordres écrits pussent être transmis rapidement dans douze arrondissements. Cette fonction d'ordre et de régularité a été confiée à notre fils Holstein, membre du second degré.

Division des cartes.

» De ce que je viens de dire il résulte, que des cartes sont distribuées : c'est pour maintenir l'ordre dans nos réunions et éviter toute espèce de trouble que cette mesure a été par nous adoptée. Il en résulte encore que ces cartes sont de deux espèces ; c'est que nous distinguons les *fidèles* et les *catéchumènes*. Les premiers sont ceux qui, par un acte quelconque, ont confessé la foi saint-simonienne, ceux là sont placés le plus près de nous dans l'enceinte [1] ; les autres qui se débattent encore dans les liens du vieux monde, et qui cependant sont incessamment entraînés vers nous, reçoivent une carte d'une couleur différente, carte au moyen de laquelle ils ont entrée dans les tribunes pour assister à nos séances. Leur nombre est aujourd'hui de trois à quatre cents.

Emploi des séances.

» Ces séances ont lieu tous les dimanches, de quatre à six heures du soir. Un court enseignement est donné sur un point quelconque de notre doctrine, sans que nous cherchions à suivre un ordre déterminé ; le plus souvent, ce sont les circonstances extérieures qui nous guident pour le choix du su-

1. Ils sont aujourd'hui au nombre de 220, dont 100 femmes environ. Ces 220 ouvriers appartiennent à 54 professions différentes. Les professions qui ont le plus fourni sont les suivantes : 19 maîtres et ouvriers tailleurs, 16 imprimeurs et compositeurs, 14 ébénistes, 10 cordonniers.

jet. Ensuite nous passons à la lecture, soit des professions de foi, soit des travaux qui sont remis au secrétariat dans le courant de chaque semaine; enfin un tiers environ de la séance est employé à recevoir les observations, les demandes d'éclaircissements que chacun des ouvriers peut avoir à nous adresser; nous y répondons au fur et à mesure; et c'est ainsi que se trouvent engagées de véritables conversations, dans lesquelles tous trouvent satisfaction, eux, en recevant, nous, en donnant.

Service des médecins et des pharmaciens.

» Je vous ai dit, mes pères, que nous avions cherché à hâter l'instant des applications même restreintes : nous avons dû avoir pour but de les régler bien plus sur la position pécuniaire de la famille que sur l'ardent désir que nous aurions de donner la vie à une multitude d'ateliers. Les soins à prodiguer, en cas de maladie, se trouvaient en première ligne parmi les soulagements immédiats que nous pouvions apporter à la classe la plus nombreuse et la plus pauvre; nous avons choisi, parmi nos fils, douze médecins, entre lesquels nous avons partagé les douze arrondissements; en même temps, un recensement général de tous les enfants a été demandé, et l'un des premiers fruits de cette organisation sera la vaccination des enfants qui auraient échappé à cette mesure salutaire. Mais, vous le savez, mes pères, les prescriptions les plus sages, sont stériles quand elles ne sont pas suivies des moyens d'application : il ne suffit pas d'indiquer le remède, il faut que le malade ait la facilité de se le procurer. Nous nous sommes donc mis en relation avec douze pharmaciens, qui, dans chaque arrondissement, exécuteront les ordonnances signées par nos médecins, et qui, chaque mois, demanderont à notre caisse le remboursement des objets fournis à tous nos enfants.

» Enfin prévoyant les cas qui seront rares, nous l'espérons, où quelques opérations deviendraient inévitables, deux chirurgiens s'entendront avec les douze médecins, qui les appelleront chaque fois que les secours de la chirurgie seront nécessaires.

Associations partielles.

» Mais ce n'était point assez pour nous de porter à la classe la plus nombreuse et la plus pauvre les secours qu'elle reçoit déjà de quelques sociétés philanthropiques. Notre but n'est pas de faire l'aumône, nous venons pour la faire disparaître ; ce que nous voulons avant tout, c'est l'Association ; et, comme nous ne pourrions aujourd'hui la réaliser telle que nous la concevons, nous avons dû chercher au moins à la réaliser en partie. Ainsi le but constant de nos efforts a été d'associer les ouvriers pour le logement, la nourriture et le chauffage, et déjà, dans deux arrondissements, ces associations sont prêtes à se former. Bientôt, à leur imitation, des associations d'ouvriers saint-simoniens se formeront dans les arrondissements de Paris, et deviendront un puissant enseignement, donné aux yeux de ceux qui ne veulent croire que quand ils voient.

» Vous voyez, mes pères, ce qui est fait et ce qui nous reste à faire. La tâche est immense, mais elle n'est pas au dessus de notre persévérance et du zèle de tous ceux qui nous secondent. Bientôt, nous l'espérons, nous aurons à vous apprendre qu'un lien est déjà formé entre les ouvriers de Paris et les ouvriers des villes où il existe des centres saint-simoniens : sainte union, qui sera le prélude de l'union plus vaste que nous voulons former entre tous les fils déshérités de la famille européenne ! »

L'état de situation, constaté dans tous ces rapports, impressionnait vivement au dehors les observateurs sérieux et impartiaux. Louis Blanc, quoique bien jeune encore, fut de ce nombre. Il en rendit témoignage, peu d'années après, dans son Histoire de dix Ans, en ces termes :

« La révolution de Juillet avait imprimé au saint-simonisme une impulsion singulièrement énergique. Ce qui n'avait été d'abord qu'une école, était maintenant une famille. Unissant à l'autorité d'une instruction solide et aux grâces de l'esprit, la passion du prosélytisme, hommes du monde et sectaires, les premiers adeptes s'étaient répandus dans toutes les directions, promettant aux orateurs un théâtre sonore, tentant les poëtes et les artistes par l'appât d'une renommée facile, prouvant aux savants que la science du libéralisme était fausse et vide, sans portée comme sans entrailles, parlant aux femmes de beaux-arts, d'amour, et de vraie liberté. Le succès de ces tentatives avait été rapide ; après les conquêtes individuelles, on avait pu songer aux conquêtes collectives. La hiérarchie était fondée ; le collége d'abord, puis le deuxième degré, puis le troisième degré.

» Le *Globe*, que la retraite des doctrinaires qui le rédigeaient avait laissé aux mains de M. Pierre Leroux, penseur éminent et grand écrivain, le *Globe* était devenu le journal quotidien de l'école, déjà en possession de l'*Organisateur*. Il avait fallu de l'argent; les dons affluèrent. M. d'Eichthal avait fourni une somme considérable. A une lettre de Bazard-Enfantin, M. Henri Fournel, qui se trouvait alors au Creuzot, avait répondu sur le champ par l'offre de sa fortune, et la réponse portait : Henri et Cécile Fournel pour leur enfant. — Dans une société, envahie par le plus grossier mercantilisme, c'était une chose merveilleuse et touchante que cet élan. La plupart des journaux, à cette époque, n'étaient que des spéculations. Le *Globe* fut distribué gratuitement. » (Tom. III, page 104.)

Le *Globe* portait en effet, dans sa distribution comme dans sa rédaction, le cachet apostolique, à l'exclusion de tout signe de calcul et d'intérêt matériel. Il s'en fallait beaucoup cependant qu'il affectât, comme les chrétiens, l'indifférence, le dédain ou même la répulsion, pour cet intérêt. Loin de là, il se montrait le digne et infatigable organe de la doctrine qui devait élever l'industrie au niveau de la science, affranchir et sanctifier le travail, et améliorer le plus possible la condition morale, intellectuelle et physique des masses condamnées par la naissance à supporter les charges matérielles de la société. Les journalistes du saint-simonisme, comme ses professeurs et ses orateurs, quand ils s'adressaient particulièrement aux ouvriers, n'oubliaient jamais de leur dire que si le but principal des économistes saint-simoniens était de substituer l'ASSOCIATION au *salaire* et à l'*aumône*, cette heureuse révolution ne pouvait s'accomplir et devenir définitive qu'en prenant le caractère pacifique et religieux, et en se présentant comme la déduction logique de la croyance en Dieu esprit et matière, vivant dans tout ce qui est.

Dans leurs rapports spéciaux, Fournel et Flachat avaient insisté sur cet avénement des classes laborieuses à l'association, par la religion et par la paix. Mais ces classes, militantes la veille dans la rue, sous l'inspiration révolutionnaire de la bourgeoisie libérale, subissaient encore l'influence des partis purement politiques, qui se disputaient le pouvoir au nom des dynasties ou des chartes rivales. Les disciples de Saint-Simon durent renouveler, en 1831, l'appel que leur maître avait adressé aux ouvriers, dix ans auparavant, pour les exhorter à se retirer de la lutte engagée sur le terrain seul de la politique, en dehors de toute question sociale, et pour les presser de constituer eux-mêmes le parti pacifique de l'avenir. Cette attitude, et la défense du principe d'autorité comme inséparable du principe de liberté, avaient rendu hostile au saint-simonisme tout ce qui, dans le libéralisme, luttait avec opiniâtreté, ou pour une forme politique seulement, ou pour un nom propre, ou pour l'individualisme plus ou moins exigeant.

Les saint-simoniens, attaqués jusque dans les chambres, se servirent de leur tribune de la rue Taitbout pour répondre à celle du palais Bourbon. Le 9 octobre 1831, Laurent, sur le désir et les conseils des chefs de la doctrine, prononça un discours dont nous citerons les passages que le public parut accueillir avec le plus de faveur :

« Vienne donc un parti qui ne s'arrête pas à la métaphysique constitutionnelle, ni au vocabulaire des factions, dont la longue querelle n'a d'autre objet que le droit d'exploiter le peuple, sous des formes et des noms divers ! Vienne un parti qui classe les hommes, non plus sur leur manière de juger les vieilles théories politiques, non plus sur leur préférence pour telle ou telle dynastie, non plus sur leur engouement pour telle ou telle livrée, mais sur la part que chaque membre de la société prend à la production et à la distribution du bien-être universel, sur la mise et le lot de chacun dans les travaux et les bénéfices de l'association, sur la valeur réelle, le mérite, les services des individus! Vienne un parti qui, planant sur toutes les qualifications secondaires, soit moins jaloux de faire des révolutions dans les salons et les antichambres, dans le langage et l'étiquette des cours, dans les almanachs royaux et nationaux, que de rallier à lui les travailleurs de toutes les opinions et de toutes les croyances, pour ne plus former qu'une seule et grande division dans l'État, celle qui met d'un côté les classes nombreuses qui produisent tout et ne possèdent rien, et de l'autre, la minorité privilégiée qui ne produit rien et qui jouit de tout.

» Eh bien, ce parti est venu : c'est nous qui en proclamons l'existence, c'est nous qui en avons déployé le drapeau. Oui, si par nos journaux, nos livres, nos enseignements et nos prédications, nous étendons incessamment le cercle dans lequel se développe le germe de la société future, nous ne perdons pas de vue néanmoins les masses innombrables qui ne peuvent nous entendre, la société extérieure qui vit à nos côtés, le mouvement politique au milieu duquel notre mission doit s'accomplir. Ce n'est pas assez pour nous des familles de plus en plus nombreuses qui acceptent entièrement la loi saint-simonienne ; nous sympathisons aussi avec ceux qui nous ignorent ou nous méconnaissent, avec ceux même qui nous repoussent ou nous calomnient ; à tous, nous souhaitons autant de liberté, d'ordre et de bien-être, que les sociétés actuelles peuvent en attendre d'une législation transitoire qui, préparant la législation définitive, seconderait toutes les tendances progressives, et favoriserait le plus possible l'amélioration graduelle de la classe la plus nombreuse et la plus pauvre.

» Et ce n'est pas à des vœux que nous bornons notre sollicitude pour les générations contemporaines qui nous sont encore étrangères ; il entre aussi dans notre apostolat, et nous avons la volonté, et nous nous sentons la puissance de remplir une autre tâche, celle de réclamer, d'appuyer et de hâter partout où notre doctrine pourra se faire entendre, où notre parole pourra parvenir, à la tribune comme à la chaire, le perfectionnement moral et matériel des travailleurs.....

» Oui, le moment est venu de rallier les travailleurs que d'anciens préjugés et de vieilles haines divisent ; le moment est venu de donner une discipline, une organisation, une forme régulière et légale aux plaintes et aux réclamations des classes pauvres qui font de l'insurrection royaliste ou de l'émeute républicaine selon que leur ignorance et leur misère se produisent à Paris ou dans la Vendée. Que les prolétaires, privés jusqu'ici de représentants directs, et mis en dehors des discussions politiques, trouvent désormais place pour leurs immenses intérêts dans les débats de la tribune et de la presse ; ils ne songeront plus à exprimer brutalement leurs griefs, quand ils sauront que leur cause est bien mieux défendue par des interprètes puissants, par des organes pacifiques.... Qu'attendrait-on ? Le mal n'est-il pas assez grand ? »

A la suite de ce vœu pressant, et qui ne devait être réalisé qu'après une nouvelle et sanglante révolution, par l'établissement et la consécration du suffrage universel, le prédicateur rappelait la fameuse question de Sieyès et sa réponse au sujet du tiers-état. Posant ensuite lui-même cette autre question : *Qu'est-ce que les prolétaires ?* Il ajoutait aussitôt, que cette classe, dédaignée par la bourgeoisie doctrinaire, formait aussi, comme autrefois le tiers-état, l'immense majorité de la nation, qu'elle peuplait les champs et les ateliers, donnait son sang dans les batailles, cultivait les sciences et les arts, fournissait aux besoins de l'État, entretenait, charmait et embellissait l'existence des classes qui s'obstinaient à l'exclure du pays légal. Il était temps, disait-il, de faire cesser ce contraste, entre l'activité sociale et la nullité politique de la classe la plus nombreuse. Quelques libéraux, orateurs habiles d'ailleurs, vétérans ou apprentis hommes d'État, plaidaient toutefois, à cette heure même, et avec chaleur, à la chambre des députés, pour le maintien de la pairie héréditaire.

« Quel que puisse être, s'écria le prédicateur saint-simonien, le mot de l'oracle parlementaire, sur la question qui préoccupe si vivement les députés de la France, l'anathème lancé par la glorieuse génération de 1789 contre les priviléges de la naissance, obtiendra une sanction toujours croissante dans l'esprit des peuples. L'aristocratie ne se fait pas au scrutin, elle n'attend pas pour se produire l'achèvement d'une opération arithmétique sur des boules. Quand elle apparaît, c'est en elle-même qu'elle puise sa puissance d'être et de se manifester : la noblesse et le clergé du moyen âge, pour dominer l'Europe, n'eurent pas besoin de la faire voter par assis et levé. Les gentilshommes étaient les plus braves, les prêtres étaient les plus éclairés ; ils rendaient alors les services les plus éminents à l'État. La supériorité morale et militaire des sociétés féodales était en eux, et ils gouvernaient naturellement et nécessairement le monde de la chevalerie et du catholicisme.

» Aujourd'hui la valeur militaire a cessé d'être la première vertu sociale, et les prolétaires la possèdent d'ailleurs à un aussi haut degré que les anciens nobles. Le clergé s'est laissé aussi dépasser en lumière par les laïcs, et rien ne justifierait plus désormais parmi nous la supériorité politique du sacerdoce et de la noblesse. Mais la société, quand elle n'a plus de raison d'obéir à d'anciens chefs qui ont perdu leurs titres et leurs droits au commandement ; la société, si elle peut rester quelque temps sous le niveau anarchique de l'égalité absolue, finit toujours par reconnaître que d'autres supériorités se sont élevées au milieu d'elle, et elle suit les hommes qui lui impriment la direction dont elle sent la justice et la nécessité.

» Le patronage héréditaire a cessé depuis longtemps de convenir à la France. On a beau dire que LE MONDE NE CHANGE PAS, qu'il ne fait que *se modifier ;* on a beau s'efforcer d'atténuer les résultats de la révolution de 1789 pour échapper aux conséquences de la révolution de 1830, et pour refaire une aristocratie de naissance ; on a beau se montrer jaloux de rétrécir tous les GRANDS TABLEAUX de l'histoire pour les mettre à la mesure des *petits cadres* que de *petites ambitions* ont préparés pour leurs *petites conceptions* ; on a beau chercher à rapetisser les GÉANTS RÉFORMATEURS des derniers siècles, et à faire descendre Luther, Bacon, Descartes, Voltaire et Mirabeau au niveau de *petits modificateurs* [1], la France a pitié de tant de misé-

1. Dans la discussion sur l'hérédité de la pairie, un jeune orateur, qui s'est élevé depuis au premier rang des grandes célébrités parlementaires, laissa échapper à la tribune le mot relevé à la chaire saint-simonienne : *Le monde ne change pas*. Voici le passage de son discours qui avait amené ce mot : « Au XVIe siècle, avait dit M. Thiers, lorsque Luther eut proclamé la liberté de conscience, lorsque Bacon et Newton eurent renouvelé la face des sciences, on crut que tout était changé sur la surface du monde. On écrivit à cette époque des choses singulières ; on crut qu'il allait se former un monde tout nouveau. Eh bien! il y eut une longue agitation et de longs troubles. Que resta-t-il à la fin? *Quelques cours de l'Allemagne étaient indépendantes de la maison d'Autriche; quelques princes avaient saisi les biens d'église ; on discutait sa croyance religieuse; dans les sciences on observait un peu plus exactement la nature;* MAIS LE MONDE ALLAIT COMME AUPARAVANT. Il y avait eu *des modifications;* il n'y avait pas eu *le changement complet qu'on avait tant annoncé.*

» *Le monde se modifie,* IL NE CHANGE PAS ; IL EST TOUJOURS LE MÊME ; *les lois de la nature sont éternelles.*

» Il y a trente ans, chez nous, on a dit aussi que tout allait être changé ; qu'il n'y aurait plus *ni nobles, ni rois.* Un orateur des plus bienveillants de cette époque proposait, tandis qu'on délibérait sur le sort de Louis XVI, de lui donner une pension. « Bientôt, disait-il, il n'y aura plus de rois : les rois ne sauront » pas gagner leur vie ; ils n'y sont pas habitués. Il faut leur faire » une pension, et ils iront errer *le long des républiques.* »

» On croyait aussi qu'il n'y aurait plus de noblesse. Vous savez comment cette croyance s'est réalisée. Napoléon est venu, qui a fait plus qu'un roi ; il a fait un empereur ; il s'est ri de ces principes d'égalité qu'on avait tant exaltés ; et ces hommes qui

rables efforts, de tant de blasphèmes contre la gloire des hommes et la magnificence des plans providentiels. Contemplant, quoi qu'on en dise, de la hauteur d'une grande révolution, l'immense dépouille du colosse féodal qu'elle a vaincu dans une bataille de quarante années, elle sent qu'elle ne doit plus rien que de belles funérailles à son ennemi terrassé; et, sûre désormais d'avoir rompu pour toujours avec l'hérédité politique, elle marche majestueusement à la hiérarchie des capacités, à la noblesse intel-

ne voulaient plus de noblesse, il les a appelés *ducs*, *comtes* et *marquis*, et ils se sont laissé appeler ainsi. »

(3 octobre 1831.)

Cette moquerie parlementaire, à laquelle le prédicateur saint-simonien avait fait allusion dans le discours cité plus haut, fut rappelée peu de jours après à la salle Taitbout, où le même orateur adressa cette apostrophe aux superbes contempteurs des prophéties du XVIIIe siècle :

« Nos philosophes et nos tribuns se sont-ils tellement trompés que votre raillerie puisse les atteindre ? Où sont les nobles et les rois dont ils présagèrent la chute? Montrez-nous l'aristocratie et la royauté dont ils célébrèrent d'avance les funérailles. Publicistes, orateurs favoris des salons, qui osez rire de ces colosses d'intelligence et de renommée, relisez donc les pages que le génie de l'histoire vous dicta autrefois. Allez méditer dans la solitude de Versailles, aux environs du Jeu de Paume, sur les ruines de la Bastille, là où s'élevèrent les tentes de Condé, autour du monument de Quiberon, à la place de la Concorde, et riez ensuite, si vous en avez le courage, des folles prédictions du XVIIIe siècle! et si ce lugubre tableau du long enterrement des nobles et des rois, impitoyablement condamnés par vos devan-

lectuelle, à l'aristocratie des talents, des services et des vertus.

» Cette tendance magnifique et irrésistible a été reconnue et proclamée à la tribune par un orateur, dont la pensée s'est élevée bien au-dessus des discussions vulgaires de la métaphysique libérale, mais qui, craignant de passer pour saint-simonien, pour avoir émis des idées plus avancées que toutes celles de ses collègues, a cru devoir saisir cette occasion de tracer, entre lui et nous, une ligne de démarcation dont il a fait un véritable abîme, car il a supposé que nous y avions englouti notre liberté, et

ciers, ne suffit pas pour vous faire prendre au sérieux les prophéties démocratiques de la philosophie et de la tribune, voyez ce que nous-mêmes, hommes du XIXe siècle, nous avons fait de cette royauté et de cette aristocratie qui vous paraissent avoir survécu aux prévisions de nos pères, pour les démentir et pour vous fournir un vaste sujet de moquerie. Le génie lui-même, roi de notre choix, est tombé du trône quand nous avons cessé de l'y soutenir; la légitimité, protégée par une ligue redoutable, a cessé de régner sur nous, quand il nous a paru que son heure était venue. La souveraineté du peuple et le droit divin ne nous ont donné tour à tour que des magistrats révocables, qui n'avaient des rois que le nom, et qui, aux yeux de la France, ne faisaient plus qu'appliquer des sobriquets à leurs courtisans quand ils croyaient faire des nobles. Railleurs des philosophes et des tribuns, consécrateurs des nobles et des rois, songez donc à Sainte-Hélène et à Holyrood, avant de taxer de ridicule le présage de tant de catastrophes accomplies! Songez que si la noblesse et la royauté féodales ne sont pas *errantes le long des républiques*, elles promènent leur nullité ou proclament leur péril *le long des révolutions* » il l'a signalé avec effroi, par une éloquente protestation, contre ce qu'il a appelé notre mysticisme social et notre théocratie politique.

» Mais qui sommes-nous donc, pour avoir accepté docilement ce que l'on repousse ailleurs avec tant d'indignation et de répugnance? Où avons-nous fait un apprentissage assez complet de servilisme pour arriver à ployer le genou devant un maître, à cacher nos fronts dans la poussière, à abdiquer notre spontanéité, notre dignité, notre liberté? Allez, interrogez, et l'on vous dira si c'est dans les sociétés secrètes du parti libéral, dans les hautes ventes du carbonarisme, au pied des échafauds de la Restauration, que nous avons pu nous façonner à la nullité, à l'obéissance passive que vous nous attribuez. Il ne fallut pas moins, sans doute, que les dix années d'école préparatoire que nous avons passées dans les conspirations, pour nous faire courber plus facilement sous le joug théocratique dont il vous plaît de nous dire accablés. Que les hommes qui nous supposent ainsi ennemis de la liberté sachent donc qu'il n'est aucun de nous qui ne puisse leur dire :

« Examinez ma vie, et songez qui je suis. »

» Qu'ils apprennent que, loin de briser l'idole de

notre jeunesse, nous l'avons entourée d'hommages plus dignes d'elle; que nous n'avons pas déserté son culte, mais que nous l'avons purifié ; que nous n'avons pas renversé son autel, mais que nous l'avons transporté, du domaine solitaire de la personnalité, dans les champs vastes et animés de l'association ; que si nous avons renoncé à la liberté farouche, débile, isolée, que la haine et les soupçons accompagnent, c'est pour suivre la liberté féconde et puissante dont la paix et l'amour forment le cortége ! la liberté qui s'allie avec la direction paternelle des supérieurs, l'assistance fraternelle des égaux, et l'appui filial des inférieurs ! la liberté qui abjure l'indiscipline de l'orgueil, mais qui garde la noblesse de la fierté ! la liberté qui dépose le poignard et la lance pour saisir la palme pacifique, le burin ou le pinceau ! la liberté qui s'estime heureuse de pouvoir quitter son casque redoutable, son vieux bonnet phrygien, pour prendre la couronne des arts, des sciences et de l'industrie ! la liberté qui n'inspire plus d'épouvante, mais qui sème sur son passage l'espérance et le bonheur ! Ah ! dites, dites tant qu'il vous plaira, que nous sommes infidèles à l'objet sacré de nos premières affections politiques, que nous avons renié nos souvenirs, enchaîné notre intelligence, perdu notre personnalité, je trouve, dans ma profonde conviction, le droit et la puissance de repousser vivement une supposition aussi injuste que téméraire, et, plein du sentiment d'une spontanéité qui ne m'a jamais abandonné et qui n'a fait que se développer dans le sein de la famille qui m'entoure, je fais un appel aux hommes les plus jaloux de leur indépendance, à tous ceux qui, comme moi, ont besoin d'être libres, sans abandon, sans isolement et sans anarchie ; à tous ceux qui, tout aussi peu mystiques que moi, ne veulent pas rêver, mais réaliser le bonheur du peuple. Venez donc, hommes généreux, qu'une renommée trompeuse abuse sur le caractère de notre doctrine et sur la nature du pouvoir que nous reconnaissons; venez, et quand vous aurez vu ce que c'est que notre mysticisme, ce que sont les habitudes de prosternation dont on nous accuse, vous concevrez que chacun de nous se sente plus que jamais le droit de s'écrier ici, non pas comme expression d'une sauvage indépendance, mais comme un éclatant hommage à l'existence d'une hiérarchie pure de toute contrainte et de tout privilége :

« Je marche dans ma force et dans ma liberté. »

Le jour même de cette prédication, la critique de certaines formes, de certains moyens et de quelques

tendances de l'apostolat se produisait dans le sein de la famille saint-simonienne ; le rédacteur en chef du *Globe* recevait de l'un de ses amis, sincèrement attaché à la doctrine, la lettre suivante :

« Moulins, 7 octobre 1831.

» Mon cher camarade, après une absence d'un mois, je reviens à ma résidence, et je m'empresse de vous accuser réception de vos livres, brochures et journaux, et de répondre à la lettre de M. Pecqueur.

» La religion fait incessamment des progrès autour de nous, mais plus nous l'aimons, plus nous persévérons dans nos dissentiments relativement à votre conduite présente. M. Pecqueur n'a pu voir entièrement ma pensée dans les quelques lignes que j'ai écrites à Edmond Talabot. Je veux la rétablir franchement afin que vous compreniez bien nos opinions et notre conduite. Nous nous aimons trop pour en être aux compliments. Parlons donc à cœur ouvert.

» Je vois trois choses en vous : la doctrine, les espérances politiques, les moyens de propagation.

» La doctrine. — Nous l'admirons et l'aimons de plus en plus.

» Les espérances politiques, — sans avoir vu aucun de vous, je crois, *sauf erreur*, pouvoir formuler ainsi, non-seulement vos *prévisions*, mais vos *espérances*.

» Le représentatif est une vieille machine usée qui craque et va se briser. Bientôt viendra une assemblée dictatoriale, c'est-à-dire l'anarchie au dedans, la tempête au dehors. Bientôt enfin, la France, lasse de désordres, et avide de bien-être, aura besoin de se jeter dans les bras d'un sauveur. Le pape sera le Napoléon de l'industrie.

» Pour moi, je pense que les temps ne sont pas venus d'une pareille transfiguration. Je ne vois pour le présent que deux solutions à la république, Henri V, ou un dictateur militaire, c'est-à-dire deux faits fort rétrogrades. La baraque représentative a encore un étai qui n'est nullement vermoulu ; c'est la *propriété*. La propriété est encore pour longtemps la seule religion de la France. La propriété se ralliera, et l'industrie prendra, sous son aile, un assez beau développement. Je suis d'avis qu'il est bon de replâtrer le vieil édifice en évitant de donner des coups de pied dans les murailles. Il faut prendre le temps de construire un nouvel abri avant de démolir l'ancien, et quinze ans du juste milieu vous seraient ce que les quinze ans de la Restauration ont été au libéralisme. Que six députés se placent habilement aujourd'hui à votre point de vue, et dans quinze ans ils reviendront deux cent vingt et un, et notre royauté elle-même opérera le progrès à son propre bénéfice.

» Les moyens de propagation. — Vous avez deux choses à enseigner : la promesse d'avenir, les moyens transitoires.

» Vous avez écrit avec beaucoup de clarté le premier point dans vos expositions; le second a été traité avec un grand talent dans les articles économiques du P. Enfantin; si tant de préventions n'avaient pas été soulevées, ces articles auraient été partout lus et admirés. »

M. D..... pensait que ces préventions auraient pu être évitées en parlant à chacun une langue qu'il pût entendre, en réservant la prédication sur le dogme pour la multitude, et en consacrant le *Globe* aux solutions réalisables. Après avoir développé cette opinion, il disait en finissant :

» Résumons ces longs griefs. — Vous avez soulevé *sans nécessité* des répugnances et des haines violentes qui vous *retarderont*. Vous vous êtes posés en face de la société de telle manière qu'on ne peut, à mon avis, prendre rang parmi vous sans dénouer de fait à peu près tous les liens qui nous rattachent à la hiérarchie ancienne. Je suis tout prêt à me porter aux derniers rangs, *si je vis encore*, quand l'organisation de l'avenir sera au moment de devenir *sociale*. Jusque-là c'est un camp au milieu de la France. Il sera attaqué, et dans la lutte vous aurez contre vous ceux-là même que vous voulez émanciper, car ils ne peuvent vous comprendre. Ainsi votre marche aura provoqué des malheurs inutiles au progrès.

» Cette opinion n'est pas seulement la mienne, mais celle de tous nos amis. Qu'elle pèse peu dans l'esprit de vos Pères, je le crois. Ils ont réfléchi avant de brûler leurs vaisseaux, et vous tous, exaltés par les puissantes sympathies qui vous environnent, vous ne concevez pas qu'au dehors il reste longtemps des yeux fermés et des cœurs endurcis. Nous n'avons garde de nous croire plus éclairés que ceux qui ont fait de si grandes choses; mais ni Galilée, ni Newton, ni Lagrange n'ont aperçu les difficultés qu'éprouverait l'admission de leurs doctrines aussi bien que l'humble professeur qui avait à les enseigner. Vos immenses progrès depuis un an vous éblouissent, mais songez que vous ralliez aujourd'hui les plus vives sympathies et les *intelligences spéciales*. Cette matière est rare en France, et va diminuer *hors de vous*, à mesure que vous vous étendrez.

» Pardonnez-moi cette longue homélie ; nous ne voulons pas rester vis-à-vis de vous dans la position de saint-simoniens honteux. Je remettais à vous dire tout cela à Paris, mais la lettre de M. Pecqueur me décide à vous écrire avec la verte allure d'un camarade d'école. Tout ceci s'est d'ailleurs fortifié de l'expérience de nos relations depuis un mois. J'ai couru et travaillé successivement avec un propriétaire, deux architectes, un procureur du roi, deux industriels, trois ingénieurs en chef, et mon camarade Julien, que vous connaissez, je crois, et notre inspecteur divisionnaire : je les ai tous attaqués ; beaucoup d'entre eux ont été ébranlés, au point que j'ai su depuis qu'ils s'occupaient sérieusement de la doctrine ; mais surtout, j'ai été heureux et fier d'amener cette excellente tête de Julien à s'écrier : Mais c'est admirable !

» Le point qui vous regarde est ceci, c'est que tous ces hommes, qui sont fort progressifs, ont commencé par se mettre en colère à votre seul nom. Nos chefs surtout, plus libres avec nous, n'ont épargné les reproches, ni à vous, ni à vos lecteurs, et, dans le bateau qui nous portait sur la Loire, mon camarade Belin, pour avoir dit votre nom sans précaution, a soulevé une tempête d'indignation et de personnalités que je n'ai pu calmer qu'en disant avec un grand flegme : « Quand on me prouverait que Galilée a tué son père et sa mère et déshonoré sa sœur, je n'en croirais pas moins au mouvement de la terre. »

Cette lettre d'un ingénieur distingué, aujourd'hui associé à la direction de l'une de nos principales lignes de chemins de fer et justement environné d'une haute estime dans le monde industriel ; ces réflexions amicales furent suivies d'une communication analogue, émanée d'un autre fondateur des voies ferrées, et adressée à Enfantin lui-même :

« Beaucaire, 30 octobre 1831.

» L'avenir, disait M. P..... T..... est certain ; comme vous et par vous, nous le comprenons, nous l'appelons de tous nos vœux, nous travaillons de tout notre pouvoir à le réaliser.

» Quelle est la marche la plus *sûre* et la plus *prompte* pour amener cette réalisation? Voilà la question. »

M. T..... pensait, comme son ami D....., qu'on donnait trop d'importance à la *prédication*, à l'*enseignement*, au *progrès du dogme* et pas assez, ou pas du tout, aux *mesures transitoires*. Il voulait qu'on se préoccupât avant tout du *pro-*

grès matériel. « Il faudrait, disait-il, travailler à exalter sans cesse l'industrie, à élever les industriels, à renforcer la tendance pacifique de la société, et traiter incessamment toutes les *questions déjà mûres*, comme l'établissement des banques, les emprunts, l'assiette de l'impôt, toutes celles qui se rattachent à l'amélioration matérielle du sort des masses, et tout cela sans dire un mot d'avenir, de Saint-Simon, tout cela en se tenant rigoureusement au point de vue national..... »

« N'est-il pas évident, par exemple, ajoutait-il, que si vous étiez parvenus à réaliser un système de banques possible, tel qu'il peut être dès à présent, vous auriez fait pour amener l'avenir plus qu'en convertissant 100,000 individus? Eh bien! je crois que si vous l'aviez voulu, vous l'auriez fait. — Les circonstances ont été admirables pour cela, il ne fallait que de la persévérance. La puissance des faits accomplis est immense. — La réalisation de la moindre idée progressive fera plus que bien des années de prédication; et ne serait-ce pas pour nous tous une grande joie que de voir peu à peu, et par nos efforts, la société s'acheminer, SANS S'EN DOUTER, vers le but que nous voulons atteindre. Je dis sans s'en douter, et cela est important, non pas que je veuille mettre la lumière sous le boisseau, mais sans rien cacher, on n'est pas obligé de dire tout et partout. »

MM. T... et D... craignaient d'alarmer les intérêts conservateurs avec lesquels il fallait compter. Leur langage était fort sensé et plein de prévoyance dans le cercle des considérations, des convenances, des possibilités contemporaines. Ils parlaient à peu près comme le *sage* de Béranger, qui dit à la pensée neuve et hardie : *Cachez-vous*. Mais Enfantin était aussi l'un des *fous* qui, d'après le poëte, osent *épouser* cette pensée à ciel ouvert, et qui la rendent *féconde pour le bonheur du genre humain*. Toutes les bonnes raisons qu'on lui donnait pour le détourner des spéculations dogmatiques et pour l'attirer particulièrement vers les améliorations spéciales d'ordre économique ou industriel, prochainement réalisables, toutes ces raisons auraient pu le toucher, s'il n'avait voulu que faire un peu de bien dans le présent, contribuer à cicatriser quelqu'une des innombrables et profondes plaies de la société, aider à réformer quelque article de nos codes, et s'il avait ambitionné par-dessus tout, pour cela, une position influente dans les chambres ou dans les conseils de la couronne. Mais les aspirations et les vues d'Enfantin étaient autrement grandes et lointaines. Il ne voulait être ni pair, ni député, ni ministre. Il avait la prétention d'appartenir à la race des *hommes auxquels l'humanité prodigue sa reconnaissance, parce qu'ils l'améliorent et l'élèvent.* Il se sentait l'un de ces *êtres aimants qui entraînent, et que l'on suit avec abandon et avec confiance,* selon ses propres expressions, dans sa lettre à M. Morin, de Genève. Sa conviction lui donnait la conscience qu'il parlait au nom d'un Dieu inaccessible aux moqueries et aux négations du scepticisme moderne, et au nom d'une religion qui doterait l'humanité tout entière d'une providence sociale, comme émanation naturelle de la Providence divine. Pouvait-il descendre des hauteurs de cette pensée aux petites exigences de la politique transitoire, et effacer, dans son programme de rénovation sociale, la conception religieuse sur laquelle il fondait le règne de la justice et de la solidarité humaine sur la terre, le tout pour ménager un meilleur accueil à des plans de réforme économique ou d'organisation financière, auprès de la génération contemporaine? Ne savait-il pas que le génie du progrès, dans ses grandes évolutions, est destiné à rencontrer devant lui des persécutions, la ciguë, la croix ou la raillerie qui est aussi un supplice, et que les novateurs, travaillant pour l'avenir et pressentant le jugement réparateur de la postérité, doivent se résigner à demeurer le plus souvent incompris par la masse des contemporains? Il le savait si bien qu'au moment où des amis sincères lui donnaient le conseil de laisser à l'arrière-plan les questions religieuses, et de s'occuper principalement des améliorations immédiatement praticables, il tint à faire acte sacerdotal, en procédant, avec Bazard, à la célébration du premier mariage saint-simonien.

ALLOCUTION D'ENFANTIN A LA FAMILLE.

« 11 octobre 1831.

» Chers enfants, nous à qui Dieu, par Saint-Simon, a donné mission d'apporter la loi d'UNION au monde, nous qui venons substituer, à la *protection* de l'époux et à l'*obéissance* de l'épouse, la sainte *égalité* de l'épouse et de l'époux, nous allons consacrer ici l'union de deux de nos enfants, et les lier ainsi plus fortement à nous et à vous, afin qu'ils reçoivent de nous et de vous, et qu'ils nous rendent à tous, l'amour que Dieu inspire aux premiers membres de la famille universelle.

» Claire et Fournel, présentez-nous nos enfants. »

La présentation faite, Enfantin reprit la parole, et, s'adressant aux fiancés, dit :

« Chers enfants, vous nous avez demandé de bénir votre union; vous sentez donc que Dieu a mis en nous puissance de lier et de délier; vous avez FOI dans notre autorité. Vous croyez que notre amour doit éclairer, diriger le vôtre. Vous voulez obéir à la loi que Saint-Simon nous a révélée, et vous aimez vos Pères qui la pratiquent et vous l'enseignent. Est-ce là votre foi? »

Les fiancés ayant répondu « OUI, » Enfantin ajouta :

« Eh bien, embrassez-nous, en témoignage de votre religieuse obéissance pour tous vos chefs dans notre sainte hiérarchie.

» Vous nous avez demandé de vous unir; vous *sentez* donc que, par votre union, vous servirez avec plus de puissance la volonté de Dieu. Vous croyez à l'association de l'homme et de la femme, vous vous aimez comme *égaux*. Est-ce là votre foi?

» Eh bien, embrassez-vous en témoignage de votre religieux amour, qui vous unit l'un à l'autre et à tous vos frères.

» *Par le lien de l'égalité,* VOUS ÊTES MARIÉS.

» Voici devant vous les parents que l'ancien monde vous a donnés, et vous êtes avec eux au milieu de votre nouvelle famille, qui n'est pas encore la leur; cette union des deux familles, dans un même jour, dans un même lieu, jour et lieu bien solennels pour vous, doit se graver profondément dans vos cœurs, et vous rappeler sans cesse la mission qui nous a été donnée de fonder la famille universelle, de convertir tous les hommes et toutes les femmes à la loi nouvelle, de les unir à nous comme nous sommes unis entre nous.

» Fournel, embrassez notre fille; Claire, embrassez notre fils, et que ce baiser paternel et maternel leur rappelle combien ils doivent d'amour à ceux qu'ils ont mission d'initier à la vie nouvelle [1]. »

Ainsi les réflexions critiques, les avertissements et les conseils de ses amis à demi saint-simoniens, ne pouvaient arrêter Enfantin dans sa résolution de faire marcher de front l'enseignement de la doctrine et son application immédiate à la famille nouvelle. Ce n'était plus un simple apostolat qu'il entendait diriger, c'était le noyau de la société future qu'il prétendait former et gouverner; et ce noyau devait avoir toutes ses formules religieuses pour tous les actes de la vie civile.

1. Le mariage de Saint Chéron avec la fille aînée de Bazard fut célébré de la même manière.

Nous venons de reproduire celle du mariage; voici maintenant celle des inhumations, qui se trouve constatée par un acte de décès conservé dans les archives saint-simoniennes :

DÉCÈS.

« Hier, 24 février, a été inhumée, sous la consécration saint-simonienne, Léontine Simon, fille de Caroline Simon et de Léon Simon [1], membre du *second degré.*

» La cérémonie était présidée par J. Lechevalier, membre du *collége,*

» Assisté de Talabot, Olivier, Saint-Chéron, membres du *second degré.*

» Suivaient :

» Tous les membres du *troisième degré;*

» Tous les membres du degré préparatoire.

» Plusieurs personnes, parents ou amis de Simon, qui ne professent pas la religion saint-simonienne, s'étaient réunies au convoi.

» Après l'inhumation, J. Lechevalier, se tour-

1. M. Léon Simon, médecin distingué, a acquis depuis de la célébrité dans la pratique de l'homœopathie.

nant vers ses fils des trois degrés, a prononcé les paroles suivantes :

» Au nom de DIEU, de SAINT-SIMON et de NOS PÈRES SUPRÊMES,

» MES FILS,

» Ce n'est point à une tombe stérile que j'adresse la parole, c'est à vous qui vivez, à vous qui avez senti la vie de notre enfant, en elle et dans l'affection de ceux qui l'aimaient ; à vous qui, au moment où se brisait ce lien, avez vu se resserrer celui qui vous unissait au père et à la mère de cette enfant chérie.

» Léontine Simon, née le 14 mai 1828, vient d'accomplir, dans le sein de Dieu, une phase de sa vie éternelle, de sa vie éternelle ! car elle vit toujours, rien ne meurt.

» DIEU EST TOUT CE QUI EST ;

» DIEU EST LA VIE ;

» Nous CONNAISSONS sa vie *passée*, nous PRÉPARIONS sa vie *à venir* ; CHERCHONS sa vie PRÉSENTE :

» DIEU EST LA VIE ;

» DIEU EST TOUT CE QUI EST ;

» Et nous verrons Léontine vivre et se développer encore, quand nous aurons TROUVÉ qui nous AIMERA et qui nous AIMONS comme elle :

» DIEU EST LA VIE ;

» DIEU EST TOUT CE QUI EST ;

» DIEU EST L'AMOUR. »

(*Rédigé par le Père.*)

Si, par le sentiment et l'intelligence des besoins moraux, intellectuels et matériels des générations nouvelles, Enfantin s'était montré l'observateur le plus pénétrant des misères sociales, l'appréciateur le plus hardi des réalités présentes et partant l'homme vraiment positif de son siècle ; d'un autre côté, par ses aspirations philanthropiques et religieuses, par ses vues prophétiques et sa contemplation passionnée de l'avenir, il semblait vivre déjà dans l'âge d'or que Saint-Simon, son maître, avait placé devant nous, et il était pressé de convaincre les sceptiques et les railleurs contemporains, par des faits accomplis, que ce qu'ils appelaient *rêve* ou *chimère* était immédiatement réalisable.

Il faut le dire, ce n'était pas seulement les saint-simoniens qui, comme MM. D... et T..., n'acceptaient que la partie scientifique ou industrielle de la doctrine, ce n'était pas seulement ces saint-simoniens incomplets et externes qui trouvaient prématuré l'essai d'organisation sociale tenté par Enfantin. Dans le sein même du collége, il y avait des membres qui faisaient leurs réserves sur ce mouvement précipité. L'un d'eux, quoique très dévoué à l'initiateur suprême, lui dit un jour : « Jusqu'ici, le prophète, le révélateur et l'organisateur, ont été séparés par des distances séculaires. Vous passez aujourd'hui par-dessus toutes ces distances, comme si vous pouviez être à la fois Isaïe, Jésus et Grégoire VII. »

Le génie d'Enfantin était lancé. Au point d'exaltation où il était parvenu, à l'aspect des splendides et immenses horizons que son coup d'œil embrassait, il était plus sensible à l'aiguillon de la prophétie qu'au frein de l'histoire. D'ailleurs, l'insuccès même d'une fondation trop hâtive ne devait-il pas marquer plus profondément, dans les souvenirs de la génération contemporaine, la place du saint-simonisme, le passage du plus audacieux de ses chefs, et servir ainsi à la vulgarisation de la doctrine, à sa propagation traditionnelle, à sa transmission aux générations futures? Enfantin maintint donc et activa de plus en plus, à travers les dissidences, l'impulsion qu'il s'efforçait d'imprimer non-seulement à l'apostolat, mais à la formation d'un noyau social représenté surtout par les maisons d'ouvriers, et doté d'un culte qui embrassait, dans ses prévisions et ses cérémonies, tous les actes importants de la vie humaine.

Entre toutes les dissidences intimes qui ébranlaient le sommet de la hiérarchie saint-simonienne, il y en avait une dont la gravité était exceptionnelle, c'était celle qui avait été provoquée par les idées d'Enfantin sur la destinée sociale des femmes, dans la société future.

Tout le monde s'accordait à reconnaître l'égalité de l'homme et de la femme dans l'union qu'ils contractaient pour constituer l'*individu social;* mais on était loin de s'entendre aussi bien, lorsqu'il s'agissait de déterminer le mode d'exercice de ce droit égal, le fonctionnement respectif des époux, le caractère et la portée des engagements conjugaux.

Bazard et la majorité du collége étaient restés attachés à cette déclaration solennelle, adressée par les chefs de la doctrine à la Chambre des députés, en octobre 1830, à propos de quelques attaques parties de la tribune contre le saint-simonisme :

A Monsieur le président de la Chambre des députés.

« Paris, le 1er octobre 1830.

» Monsieur le président,

» Dans la séance de la Chambre du 29 septembre, M. Mauguin, en parlant des sociétés populaires, a signalé l'existence d'*une secte demi-religieuse, demi-philosophique*, professant sur la propriété des idées qui lui étaient *particulières*. A ces mots plusieurs membres de l'assemblée ont nommé la société saint-simonienne, et l'orateur, continuant à expliquer sa pensée sur cette société, l'a représentée, dans une vue très-bienveillante d'ailleurs, comme enseignant la communauté des biens.

» Dans la séance du lendemain, M. Dupin, en parlant de la même société, a reproduit l'assertion de son collègue, ajoutant que les saint-simoniens demandaient encore une autre communauté qu'il n'a pas qualifiée, mais que quelques voix autour de lui ont proclamée être celle des femmes, sans qu'il ait contredit l'interprétation donnée à ses paroles.

» Voilà donc les saint-simoniens désignés à la France, à l'Europe entière, comme appelant la

COMMUNAUTÉ DES BIENS, et, selon une expression qu'il est impossible de reproduire sans répugnance, la COMMUNAUTÉ DES FEMMES.

» Les novateurs, sans doute, sont exposés à voir dénaturer leurs enseignements, travestir leurs doctrines; telle est, au moment où ils apparaissent, la condition inévitable de leur situation, et, dans le plus grand nombre des cas, ils doivent accepter cette épreuve avec résignation, s'en remettant à la suite de leurs efforts du soin de rectifier les erreurs, de réparer les injustices, dont momentanément ils peuvent avoir à souffrir.

» C'est ce que font depuis longtemps les saint-simoniens à l'égard des méprises dont ils sont journellement l'objet.

» Mais cette fois la méprise part de trop haut; elle reçoit à la fois trop d'importance, et de l'immense publicité donnée aux débats de la Chambre, et de l'autorité qui naturellement encore doit s'attacher au loin à ce qui émane de cette assemblée, pour qu'il leur soit permis de garder le silence; et lorsque les vues qu'on leur prête sont de nature à attirer sur eux et sur leur doctrine le mépris ou la haine, ils doivent se croire en droit d'attendre que le corps qui, involontairement, les a exposés à ce danger, se hâtera d'accueillir leur réclamation.

» Oui, sans doute, les saint-simoniens professent sur l'avenir de la propriété et sur l'avenir des femmes des idées qui leur sont particulières, et qui se rattachent à des vues toutes particulières aussi et toutes nouvelles sur la religion, sur le pouvoir, sur la liberté. et enfin sur tous les grands problèmes qui s'agitent aujourd'hui dans toute l'Europe d'une manière si violente et si désordonnée; mais il s'en faut de beaucoup que ces idées soient celles qu'on leur attribue.

» Le système de la communauté des biens s'entend universellement du partage *égal* entre tous les membres de la société, soit du fonds lui-même de la production, soit des fruits du travail de tous.

» Les saint-simoniens repoussent ce partage égal de la propriété, qui constituerait à leurs yeux une violence plus grande, une injustice plus révoltante que le partage inégal qui s'est effectué primitivement par la force des armes, par la conquête; car ils croient à l'INÉGALITÉ *naturelle* des hommes, et regardent cette inégalité comme la base même de l'association, comme la condition indispensable de l'ORDRE social.

» Ils repoussent le système de la communauté des biens, car cette communauté serait une violation manifeste de la première de toutes les lois morales qu'ils ont reçu mission d'enseigner, et qui veut qu'à l'avenir CHACUN SOIT PLACÉ SELON SA CAPACITÉ, ET RÉTRIBUÉ SELON SES ŒUVRES.

» Mais en vertu de cette loi, ils demandent l'abolition de tous les priviléges de la naissance *sans exception*, et par conséquent la destruction de l'HÉRITAGE, le plus grand de tous ces priviléges, celui qui les comprend tous aujourd'hui, et dont l'effet est de laisser au *hasard* la répartition des avantages sociaux, parmi le petit nombre de ceux qui peuvent y prétendre, et de condamner la classe la plus nombreuse à la *dépravation*, à *l'ignorance*, à la *misère*.

» Ils demandent que tous les instruments du travail, les terres et les capitaux, qui forment aujourd'hui le fonds morcelé des propriétés particulières, soient réunis en un fonds social, et que ce fonds soit exploité par *association* et HIÉRARCHIQUEMENT, de manière à ce que la tâche de chacun soit l'expression de sa *capacité*, et sa richesse la mesure de ses *œuvres*.

» Les saint-simoniens ne viennent porter atteinte à la constitution de la propriété qu'en tant qu'elle consacre, pour quelques-uns, le privilége impie de l'OISIVETÉ, c'est-à-dire celui de vivre du travail d'autrui ; qu'en tant qu'elle abandonne au *hasard de la naissance* le classement social des individus.

» Le christianisme a tiré les femmes de la servitude, mais il les a condamnées pourtant à la subalternité, et partout, dans l'Europe chrétienne, nous les voyons encore frappées d'interdiction *religieuse, politique et civile.*

» Les saint-simoniens viennent annoncer leur affranchissement définitif, leur complète émancipation, mais sans prétendre pour cela abolir la sainte loi du mariage proclamée par le christianisme ; ils viennent au contraire pour *accomplir cette loi,* pour lui donner une nouvelle sanction, pour ajouter à la puissance et à l'*inviolabilité* de l'union qu'elle consacre.

» Ils demandent, comme les chrétiens, qu'un seul homme soit uni à une seule femme, mais ils enseignent que l'épouse doit devenir l'égale de l'époux; et que, selon la grâce particulière que Dieu a dévolue à son sexe, elle doit lui être associée dans l'exercice de la triple fonction du temple, de l'état et de la famille : de manière à ce que l'*individu social* qui, jusqu'à ce jour, a été l'*homme* seulement, soit désormais l'*homme* et la *femme.*

» La religion de Saint-Simon ne vient mettre fin

qu'à ce trafic honteux, à cette prostitution légale, qui, sous le nom de mariage, consacre si fréquemment aujourd'hui l'union monstrueuse du dévouement et de l'égoïsme, des lumières et de l'ignorance, de la jeunesse et de la décrépitude.

» Telles sont les idées les plus générales des saint-simoniens sur les changements qu'ils appellent dans la constitution de la propriété et dans la condition sociale des femmes.

» Il est possible que ces idées ne leur concilient pas d'abord plus de suffrages que celles qui leur ont été attribuées dans la Chambre, et qu'ils repoussent en ce moment ; mais ce qu'ils se proposent ici n'est pas de s'attirer des suffrages : leur objet est seulement de se faire connaître et juger pour ce qu'ils sont, acceptant d'ailleurs sans réserve la responsabilité de leurs doctrines et de leurs actes, n'appelant pas la persécution, mais ne la redoutant pas davantage, pourvu, si elle doit se déployer contre eux, que ce soit pour leurs croyances, et non pour celles qu'ils condamnent.

» M. Mauguin a aussi présenté les saint-simoniens comme étant affiliés aux sociétés démocratiques qui existent aujourd'hui à Paris : ce fait est encore inexact.

» Assurément les saint-simoniens n'uniront point

leurs voix à toutes celles qui s'élèvent en ce moment pour protester contre l'existence de ces sociétés; car, quelque irrégulière, quelque incomplète que soit aujourd'hui leur action, ils la regardent pourtant comme l'expression d'un sentiment, d'une force qui ont encore une mission importante à remplir, celle de défendre en France la *destruction* opérée par les événements de juillet, et de déterminer le mouvement qui doit étendre cette destruction à toute l'Europe.

» Cette tâche est grande, elle est *légitime*, mais ce n'est point celle des saint-simoniens.

» Leur tâche à eux est d'*édifier*, de *construire* sur les ruines qui s'entassent autour d'eux, de fonder, au milieu de la société qui se dissout de toutes parts, une société nouvelle, qui donne une direction *religieuse* et *pacifique* à toutes les exigences progressives, et qui soit prête à recevoir, dans son sein, l'humanité entière, pour les temps qui sont proches, où, fatiguées de la haine, de la guerre, de l'anarchie, les nations demanderont à Dieu une nouvelle loi d'amour, et avec elle le règne de la paix et l'empire de l'ORDRE.

» BAZARD-ENFANTIN,

» *Chef de la religion saint-simonienne.* »

En octobre 1831, la situation du saint-simonisme n'était plus la même qu'en octobre 1830. Enfantin repoussait bien toujours, avec Bazard, avec le collége, avec tous les saint-simoniens, la communauté des biens et la promiscuité ; mais il ne professait plus l'inviolabilité absolue de la loi du mariage, telle que le christianisme l'avait consacrée. Pendant le cours de cette année il avait eu le temps de faire connaître, dans ses lettres et dans ses conversations intimes, ainsi que nous l'avons dit, les idées auxquelles il s'était arrêté, bien avant 1830, et qui étaient peu conformes à la doctrine des chrétiens sur cette question capitale. Ces idées, qui transpiraient depuis longtemps, avaient été enfin portées devant le collége, où elles avaient provoqué les discussions les plus orageuses. Ce fut alors qu'Olinde Rodrigue lut aux Pères et à ses collègues (séance du 17 octobre 1831) la note suivante sur le mariage et le divorce :

« LE MARIAGE.

» Toute œuvre *sociale*, dans l'avenir, est l'œuvre d'un COUPLE, homme et femme, complément l'un de l'autre, recherché, accepté *librement*, dont l'*union*, préparée par l'éducation, a reçu la sanctification de l'autorité religieuse, *homme* et *femme*.

» L'homme et la femme *seront mariés*, alors qu'ils seront tous deux arrivés à aimer, désirer l'un par l'autre, l'un et l'autre, l'accomplissement d'une œuvre commune, manifestation d'une commune destinée. A cette condition, l'union sera sanctifiée, elle aura toute sa force, toute son *abnégation*, tout son égoïsme. Elle sera RELIGIEUSE.

» Je crois fermement que *tous* doivent, au moment où ils vont compléter leur vie par le mariage, après y avoir été amenés par le développement du système d'éducation, espérer, désirer que ce mariage ne soit pas dissous, dans quelque catégorie qu'ils puissent être rangés à cet égard. Nul ne sera en état normal pour être marié, qui désirerait ou accepterait le mariage, en voyant devant lui le divorce.

» Mais, d'un autre côté, j'admets fermement qu'il existe, suivant la qualification des individus, des différences plus ou moins grandes, dans la *probabilité* d'une durée quelconque pour le maintien de l'état normal de mariage.

» Et j'entends que le mariage est à l'état normal stable, tant que les deux époux, à travers toutes les petites variations d'humeur, de goût et de puissance, inévitables dans l'union la mieux assortie, sont ramenés sans cesse à aimer, à concevoir, à pratiquer *ensemble* l'œuvre sociale qu'ils ont reçu mission d'accomplir, à se *sentir* complément l'un de l'autre.

» LE DIVORCE.

» Mais du jour où l'autorité religieuse, homme et femme, renonce, après maintes preuves, à considérer comme possible le maintien de l'état normal de mariage entre les deux époux; du jour où les chances d'un pénible déchirement deviennent prédominantes, il y a lieu, dans l'intérêt personnel des deux époux, aussi bien que dans l'intérêt social, à préparer, à prononcer le *divorce*, c'est-à-dire le passage *d'un lien* à un *autre lien.*

» Je crois donc fermement qu'un individu ne peut être à la *fois* l'époux que d'une seule femme, et qu'il ne peut donc l'être de plusieurs que *successivement.*

» QUELQUES CONSÉQUENCES DU DIVORCE.

» Les causes du divorce peuvent être telles, suivant les individus, que, pour les uns, il soit une preuve d'élévation, et pour d'autres le signe d'un abaissement. Dans certains cas sociaux, selon certaines fonctions, et indubitablement pour la fonction suprême, il équ'vaut à une abd.cation, car le divorce, pour les deux chefs suprêmes, homme et femme, ne pourrait être un moyen d'*élévation* pour aucun d'eux, et ne saurait recevoir sa sanction que d'un autre couple à eux supérieur, qui deviendrait, par le fait, investi du suprême pouvoir.

» CONSIDÉRATIONS SUR LA FAMILLE.

» Le mariage n'est pas seulement l'association la plus complète d'un homme et d'une femme, ayant pour objet l'accomplissement d'une œuvre sacerdotale, scientifique ou industrielle.

» Le mariage est encore le *lien sacré* des générations, et ici de nouvelles considérations se présentent.

» Saint-Simon a promulgué le règne de Dieu sur la terre. L'homme, par lui, est désormais appelé à *connaître* et à *pratiquer* selon son AMOUR.

» L'AMOUR doit unir le *vrai* et l'*utile*, l'*idéal* et le *réel;* il n'y a plus, il ne doit plus y avoir de fictions constitutionnelles ni dans l'*État* ni dans la *famille*.

» L'homme, à sa naissance, veut être entouré de ceux dont il est réellement le plus *aimé*, pour *apprendre*, par leur exemple, à *pratiquer* la vie.

» La *mère* veut toujours offrir aux caresses du *père* l'enfant que Dieu fait naître d'eux, pour que par *eux commençât* la famille, famille toujours *progressive* qui entoure sans cesse l'enfant grandissant du *patronage* le plus *intelligent* et le plus *actif*, pour développer ses facultés.

» La procréation doit être le fruit du plus grand amour ; de l'amour le plus complet, de l'amour qui fait le mariage de deux êtres, *égaux*, sans être *identiques*, égaux parce qu'ils sont compléments l'un pour l'autre.

» MORALITÉ DES RELATIONS SAINT-SIMONIENNES.

» Ainsi donc, dans l'avenir, l'autorité religieuse, le prêtre et la prêtresse, mariés eux-mêmes, président aux mariages et aux divorces, veillent au maintien des *unions normales*, et sanctifient le divorce quand les circonstances énoncées ci-dessus viennent le réclamer. Par leur intervention religieuse, la loyauté règne dans toutes les affections; la fausseté, la dissimulation, comme la violence et la ruse, disparaissent dans la *famille* comme dans la *cité*, et avec elles l'*adultère*, c'est-à-dire le divorce caché, outrageant, irréligieux; protestation violente du passé, contre une loi incomplète du mariage; et la *séduction*, c'est-à-dire jusqu'à la tentative d'adultère à l'égard d'une des deux parties d'un couple, ou la tentative, auprès d'un être faible et sans défense, d'obtenir l'amour sans le donner soi-même.

» Enfin, grâce à ces mariages vraiment saints, la famille ne commence plus, avec certitude, *seulement* à la *mère*, qu'une loi barbare et immorale ne pouvait récuser. Elle commence à la mère *et au père*, et la législation voit disparaître cet axiome romain, triste témoignage de l'impuissance de la loi morale, *Pater is est quem nuptiæ demonstrant :* parce que les mariages, par l'éducation et par le divorce, peuvent désormais placer constamment l'homme et la femme dans la situation de sympathie réciproque la plus favorable à leur mutuel développement, à l'accomplissement de tous leurs devoirs sociaux.

» *Relations générales des hommes et des femmes.*

» L'épouse est la femme que l'époux aime le plus complétement, le plus *intimement*. C'est la moitié de sa vie.

» L'époux est l'homme que l'épouse aime le plus complétement, le plus *intimement*. C'est la moitié de sa vie.

» Mais la vie est à la fois individuelle et sociale, c'est-à-dire que l'époux ressent aussi de l'affection pour d'autres femmes que la sienne, l'épouse pour d'autres hommes que celui qui est son époux. Un intervalle relativement immense sépare toutefois l'affection mutuelle des époux de celle qu'ils peuvent éprouver, à titre de supériorité, d'égalité ou d'infériorité, pour celui-là même ou celle-là qu'après son époux la femme aime le *plus*, qu'après son épouse l'homme aime le *plus;* parce qu'avec l'épouse *seule* l'époux est vraiment *lié*, parce qu'avec l'épouse *seule* l'époux forme une *unité* dans la famille universelle, parce qu'avec l'épouse *seule* l'époux constitue un des *liens* qui unissent les générations humaines.

» L'expression *spirituelle* et *charnelle* de l'affection qui unit l'époux à toutes les femmes autres que la sienne, l'épouse à tout autre que son époux, doit donc avoir une manifestation et des *limites* d'une nature différente de celles qui caractérisent l'union la plus *intime* de deux êtres, l'union conjugale, et différentes aussi selon l'état des individus par rapport au mariage.

» Quelles seront ces manifestations, ces limites?

» Au premier couple, placé au sommet de la hiérarchie saint-simonienne, il sera donné de jeter une vive lumière sur ces problèmes de la vie intime que la préoccupation d'une éducation critique ou chrétienne empêche des hommes et des femmes, aujourd'hui placés à des points de vue insuffisants, d'envisager avec le *calme* indispensable. La première *femme* qui s'assoira au trône pontifical pourra seule révéler et proposer à l'élaboration méditative de l'homme la loi des *convenances*, au delà desquelles commencerait l'*immoralité*.

» J'affirme toutefois, en vertu des principes ci-dessus posés, que cette loi devra satisfaire aux conditions suivantes :

» A l'époux et à l'épouse appartient exclusivement ce saint état, l'*intimité* du cœur, de l'esprit et des sens, sphère mystérieuse, impénétrable, où deux *spontanéités*, se confondent, où la *vie* peut produire la *vie*.

» L'œil et l'esprit de *tous* devront reconnaître, à toutes les relations des deux époux avec les autres membres de la famille, que cette *intimité* qui fait leur joie et leur vertu sociale est *intacte*.

» Mais à l'égard de ces époux prêts à divorcer, dont l'harmonie n'existe plus, l'action du prêtre et de la prêtresse a pour objet spécial de rendre le plus douce possible la transition d'un nœud détruit à un autre plus moral, plus convenable à chacun des deux époux. Et là où il n'existe pas de lien à briser, on peut concevoir, de la part du supérieur, une influence assez grande pour diriger les divorcés, par l'attrait de l'esprit ou des sens, vers les nouveaux liens qu'ils cherchent à contracter.

» La limite qui se présente est que le supérieur et l'inférieur ne soient jamais placés dans les circonstances morales où ils puissent oublier que l'*intimité* du mariage est l'attribut exclusif de l'*égalité*. Un tel oubli annulerait la hiérarchie et briserait l'égalité même du prêtre et de la prêtresse, chargés de la direction des fidèles. Des considérations du même genre s'offrent à l'esprit pour tous les individus qui souffrent en cherchant l'être qui doit compléter leur vie.

» Mais, je le répète, en deçà de ces limites, j'attends avec confiance la révélation de la première femme qui sera à la tête de la doctrine; c'est à la femme *affranchie*, LIBRE ET PRÊTE POUR L'AVENIR, qu'il appartient de révéler la loi des convenances, LE CODE DE LA PUDEUR. »

Enfantin ne pouvait admettre que provisoirement et comme moyen terme la note de Rodrigues. Il voyait toujours, dans l'espèce humaine, deux natures : l'une constante, invariable, dans les affections mutuelles de l'homme et de la femme; et l'autre, au contraire, *mobile*. Le mariage définitif des chrétiens pouvait être conservé pour les époux de la première catégorie ; le changement devait être licite pour les conjoints de la seconde. Cette distinction, qui ébranlait profondément les bases de l'ancienne morale, souleva tout d'abord la question du divorce. Sur ce terrain, la diversité des positions personnelles ne pouvait manquer d'exercer son influence. Les débats furent longs et vifs. A chaque séance du collége, les cœurs s'échauffaient de plus en plus, les têtes s'exaltaient.

« Alors, dit L. Blanc, il se passa, dans la rue Monsigny, au milieu de cette société française devenue si sceptique et si railleuse, des scènes tellement extraordinaires, que, pour en trouver de semblables, il faudrait interroger l'histoire des anabaptistes. Ceux qui, dans le collége, repoussaient les doctrines d'Enfantin, se sentaient transportés tout à coup au bord d'un abîme immense qu'ils n'avaient pas soupçonné; ils se demandaient avec terreur si leur vie jusque-là n'avait été qu'un rêve; ils éprouvaient une douleur sans nom en se trouvant, pour jamais peut-être, séparés de celui que, dans les élans d'une tendresse infinie, ils avaient si longtemps appelé leur père. Pour les autres, c'était un redoublement de ferveur inexprimable, une exaltation qui allait jusqu'au délire. Souvent, dans une salle dont les portes avaient été closes soigneusement et dont les murs étaient fidèles, les discussions durèrent des jours entiers, des nuits entières, sans interruption, sans distraction, sans repos. Il arriva quelquefois à des jeunes gens moins capables que leurs compagnons de résister à ces luttes dévorantes, de chanceler et de s'évanouir, on enlevait les corps sans que pour cela la discussion s'arrêtât. Un jour, M. Cazeaux eut une heure d'extase, et se mit à prophétiser; un autre jour, M. Olinde Rodrigues fut comme frappé d'apoplexie, parce que, demandant à chacun des membres s'il n'était pas vrai que l'Esprit-Saint fût en lui, Rodrigues, M. Reynaud ne lui avait répondu que par des paroles d'incrédulité; la crise fut extrêmement violente, et le docteur Fuster, pour sauver le malade, dut recourir à une rétractation formelle de M. Reynaud, que cet accident avait rempli d'affliction et d'inquiétude. Tel est même sur des hommes d'un esprit sérieux, d'une intelligence saine et élevée, le bizarre pouvoir des croyances arrivées à un certain degré d'exaltation, et l'on peut juger par la singularité de ces phénomènes, de la puissance du mouvement que le saint-simonisme avait créé. »

L'extase dont parle L. Blanc eut lieu dans une réunion du collége où chaque membre était invité par les Pères suprêmes à faire sa confession générale, afin de constater que, dans l'opinion qu'il avait à exprimer sur le conflit survenu entre les deux chefs, chacun était dégagé de toute considération particulière tenant à son passé, ou à sa situation actuelle. Cazeaux, quand ce fut son tour de parler, se leva, et, dans l'attitude d'un homme qui semblait dormir debout, étendit la main vers les Pères, et articula lentement ce qu'il disait apercevoir en eux. Pour Bazard, il le voyait tout entier, disait-il, il lisait au fond de sa pensée. Quant à Enfantin, il ne pouvait le saisir aussi complétement; le disciple déclarait qu'il y avait dans le maître un point que sa vue ne pouvait atteindre.

D'autres membres, sans pousser l'exaltation jusqu'à l'extase, éprouvèrent néanmoins des secousses nerveuses qui les rendirent malades.

Quand le docteur Fuster survint, il trouva tout le monde en grand émoi et plus ou moins en état de fièvre. Il n'y avait guère qu'Enfantin qui eût gardé tout son calme.

Cette situation fébrile décida les chefs à retirer et à réserver provisoirement, pour eux, les questions brûlantes qui agitaient si violemment le collége. Ce fut une trêve de quelques jours qui ne pouvait que prolonger le malaise de l'incertitude et les tourments de la dissidence. Le duel continuait en secret entre les deux chefs, sans espoir d'accommodement. Les disciples étaient contristés et impatients de voir mettre un terme à cette scission déplorable. Trois d'entre eux, dont deux jusque-là avaient paru suivre toujours docilement les inspirations d'Enfantin, Michel Chevalier, Edmond Talabot et Euryale Cazeaux, eurent l'idée de présenter une adresse aux Pères suprêmes pour les supplier de faire cesser ce fatal désaccord, plein de douleurs, pour la famille saint-simonienne, et de périls pour la propagation de la doctrine. Cette pièce, connue de peu de personnes, renferme un témoignage précieux; elle atteste que l'indépendance de la pensée, la liberté de la parole et la hardiesse du langage, loin d'être proscrites dans le saint-simonisme, comme tant de gens le prétendaient trop légèrement, étaient, au contraire, parfaitement sauvegardées, respectées par les supérieurs et pratiquées par les inférieurs, par ceux-là même qui paraissaient le plus disposés à l'obéissance passive, tant était grande alors en eux la puissance du dévouement social et des convictions religieuses.

Adresse aux Pères Enfantin et Bazard, par Michel Chevalier, Edmond Talabot et Euryale Cazeaux.

« Octobre 1831.

« Voici bien des jours que nous souffrons tous horriblement, et nous avions dit cependant que les temps de la douleur étaient passés.

» C'est notre dernière expiation. — Espérance ! les soleils du bonheur vont se lever.

» Voici bien des jours que nous ne vivons que d'antagonisme et de lutte, et nous avions dit cependant que les temps de l'exploitation étaient passés.

» C'est le dernier retentissement de la guerre. — Espérance ! les jours de l'association vont descendre en notre sein.

» Voici bien des jours que le mensonge nous voile la face, et nous avions dit cependant que les temps de *duplicité* étaient passés.

» C'est la dernière enveloppe du vieil homme à rejeter. — Espérance! la vérité de notre cœur va briller dans nos yeux et sur nos lèvres.

» Nos Pères,

» Le nom de Saint-Simon commence à être grand parmi les hommes, la famille qui se développe, sous sa consécration sainte, a posé le pied sur la brèche qui sépare l'ancien monde du nouveau; elle a élevé une voix solennelle, et des hommes et des femmes, et des vieillards et des enfants se sont levés, réjouis de la bonne nouvelle, et cheminent solennellement, de tous les points de la France, pour se rendre à son appel.

» *Vous* avez fait de grandes choses, et il ne nous appartient pas de vous les raconter. Notre voix se tait dans la respectueuse attente de l'hymne où vous glorifierez Dieu, Saint-Simon et vous-mêmes.

» Aujourd'hui, la doctrine se perd dans les convulsions d'un douloureux enfantement; pendant de longues journées, vous en avez seuls supporté les souffrances, mais enfin nous avons été dignes d'en prendre notre part. Dans cette communion du martyre, nous avons tous épuisé nos forces, et la famille languissante a crié : Merci!

» Vous avez retiré à vous les graves questions qui nous agitent pour les remanier en votre intimité, pour en creuser les profondeurs, et, dans cette solennelle séance, vous avez de nouveau déroulé la situation actuelle de la doctrine, vous avez rappelé ce que l'on avait fait, vous avez exprimé vos désirs sur les choses qui restent à faire; enfin, replaçant devant chacun de nous la direction qui lui est confiée, vous lui avez dit de marcher.

» Cet acte nous a paru d'une extrême gravité. Nous nous sommes sentis grandir, car nous avons dès lors senti vibrer aussi, dans nos mains, les rênes qui jusqu'ici ne reposaient que dans les vôtres. Nos poitrines ont respiré plus à l'aise, car elles se sont senties placées à l'entour de la vôtre pour faire face au monde. Nous n'étions encore que des écoliers, sous votre surveillance, et nous nous sommes dès lors sentis vos enfants, vos véritables enfants, et nous nous sommes écriés avec joie : Soyons dignes de nos Pères!

» Nous avons jeté un regard sur notre passé et sur le vôtre..... Nous avons frémi, un tremblement douloureux a pénétré notre chair, en face de cette cruelle pensée que, si la foudre vous eût frappés, la doctrine eût fléchi.

» Et maintenant nous avons dit avec joie : Nos

Pères, qui jusqu'ici ont porté seuls le monde, veulent aujourd'hui s'aider de leurs enfants chéris, ils les appellent à partager, sous leur direction, la responsabilité du bonheur de l'humanité ! Que nos Pères soient bénis ! nous serons des fils dignes d'eux !

» Que chacun de nous brise ses lisières et qu'il prenne la main de ses Pères, qu'il déchire ses langes, et qu'il reçoive de leurs mains la robe virile ; qu'il soit libre, enfin, libre de cette liberté ordonnée, selon votre amour et le nôtre, que tout le collége, et que chacun de nous, dans la direction que vous lui avez confiée, appuyé de votre puissance, de votre conseil et de votre amour, assume un grand acte sur sa tête, qu'il le poursuive en toute son étendue.

« Et alors nous pourrons vous dire : Soyez heureux, soyez glorifiés, et glorifiez vos enfants, car ils sont dignes de vous.

« Enfin le collége est constitué ! les membres qui le composent ne sont plus de faibles enfants qui *craignent*, *encensent* ou *adulent* la main qui guide leurs premiers pas, mais des hommes et des femmes qui obéissent librement à des Pères qu'ils *aiment* et *respectent*, car ces hommes et ces femmes aiment par-dessus tout la classe la plus nombreuse et la plus pauvre, et ils reconnaissent que vous êtes leurs chefs parce qu'ils ont foi que vous êtes, entre tous les fils de Dieu, ceux qui aiment le mieux la classe la plus pauvre et la plus nombreuse.

» Nous serons vos dignes enfants, nous agirons, nous aussi, pour l'humanité !

» Telle est VOTRE volonté, telle est la NOTRE, et nous les accomplirons toutes deux; nous avons déjà commencé, mais pour finir il nous faut votre bénédiction ; mais pouvez-vous nous bénir ?

» Un même amour s'échappera-t-il de votre sein pour descendre sur nous ?

» Pendant que vous vous consumez dans un immense duel, la classe la plus nombreuse et la plus pauvre gémit ; c'est vous qui nous avez appris à l'aimer, vous nous avez imprimé le devoir de l'avoir sans cesse en notre présence, dans tous les actes de notre vie.

» C'est donc, d'après votre enseignement et votre propre volonté, que nous allons vous parler, au nom de la classe la plus nombreuse et la plus pauvre qui est en souffrance, pendant que vous restez muets, sous le poids de Dieu qui maintenant s'agite en votre sein et vous presse de vous présenter au monde, sous une forme nouvelle, avec une puissance plus grande, et de lui dire : *Nous voilà, voilà Saint-Simon* !

» Nous devons vous déclarer ici, en face de tous, en face de Dieu et des hommes :

» Dans le grand drame que vous nous avez fait traverser, aucun de vous n'est parfait à nos yeux.

» Que vous dirons-nous? Nous voudrions aimer l'un davantage, nous voudrions avoir pour l'autre plus de respect ; nous voudrions cesser de craindre l'un, d'aduler, d'encenser l'autre.

» Nous allons vous dire ce qui nous apparaît, non point avec la prétention de vous donner la vérité, mais avec la ferme conscience que nous allons la recevoir de vous.

» Nous vous disons CE QUE NOUS SENTONS.

» PÈRE ENFANTIN ! nous vous dirons sans préambule : Vous avez eu la *haute moralité*, et nous vous en rendons grâce, de présenter sur la morale des vues nouvelles, entachées d'immoralité; en présence d'une résistance vive, vous vous êtes laissé entraîner à une réaction qui a dû légitimer, aux yeux de quelques-uns, une *accusation d'immoralité* portée contre votre propre personne.

» Vous vous êtes d'autant plus exagéré votre propre mérite que vous vous sentiez déprimé, méconnu dans vos manifestations. Préoccupé que vous étiez de cette position fausse, vous avez voulu que le père Bazard se levât au milieu de nous avec éclat et racontât à tous que c'est toujours vous qui l'avez précédé dans la voie des nouvelles conceptions ; vous avez été entraîné à nous considérer comme des instruments placés dans vos mains, pour vous servir, chacun selon sa force, à émouvoir le père Bazard dans sa fermeté, à obtenir de lui les hommages pour lesquels vous soupiriez dans votre exigence. Et comme il en était parmi nous qui ne vous comprenaient pas, vous vous êtes expliqué avec une cynique loyauté, et nous vous avons désobéi.

» Vous avez conçu que vous aviez mission de représenter la femme. Pour accomplir cette tâche, vous vous êtes transporté dans un chimérique avenir, et là, vous exaltant l'imagination, vous avez rêvé la vie de cette femme idéale, vous vous êtes fait illusion à tel point, que vous avez procédé comme si vous étiez *une femme*, résumant en elle *toutes les femmes*, vous n'avez pas pris garde que vous présentiez votre conception typique, entourée des colifichets de coquetterie et d'exigence, légués à la femme de nos jours par un passé d'esclavage ; vous avez cru vous connaître, et vous vous êtes fait illusion sur vous-même, car vous n'êtes point la femme; et la femme seule, la femme vraiment libre du mariage et du célibat d'exploitation, seule pourra dire ce qu'elle a été, ce qu'elle est, ce qu'elle sera.

» Vous avez développé, exalté cette croyance, qu'un jour votre mariage vous amènerait seul au rang suprême; vous n'avez pas pris garde que cette prétention, qu'il vous était impossible de justifier, exciterait le père Bazard à une vive réaction contre vous; vous avez accueilli avec une insouciance dérisoire les épanchements de quelques-uns de nos frères que nous aimons vivement, et vous nous avez fait de la peine.

» Père Bazard, nous vous demandons la permission de parler. Vous avez fait un sacrifice immense, dont l'humanité vous rendra grâces? Mais voici ce que notre conscience, et le profond sentiment de nos devoirs envers l'humanité et envers vous, nous commandent de vous déclarer.

» Nous n'avons jamais entendu sortir de votre bouche l'éloge du père Enfantin; dans ce débat où nous avons admiré votre mâle courage, où nous avons appris à vous connaître et à vous mieux aimer, vous nous avez toujours parlé des faiblesses du père *Enfantin*, pendant que plusieurs d'entre nous, inquiets pour la première fois de trouver dans leurs cœurs des doutes sur sa personne, eussent désiré entendre de votre bouche le récit de ses vertus. Vous avez laissé peser sur lui une accusation d'immoralité, pendant que nous sentions qu'il se dévouait, en se mettant sur la brèche. Au sein même du collége, plusieurs fois le père Enfantin a élevé la voix pour réclamer contre cette terrible accusation, et vous vous êtes tu. Qu'avons-nous dû penser de votre silence?

» Vous nous avez laissés nous faire nous-mêmes vos *instruments* en n'arrêtant point une pensée de séparation qui a traversé l'esprit de la plupart des membres du collége, qui a séjourné chez plusieurs, et qui chez quelques-uns subsiste peut-être encore; et vous saviez cependant que cette pensée ne pouvait prendre sa source que dans cette accusation d'immoralité, portée contre le père Enfantin, accusation qu'autorisait votre silence... Vous avez laissé déprécier plusieurs de nos frères que nous aimons vivement et vous nous avez affligés ; vous avez repoussé inflexiblement d'aventureux rêves auxquels nous n'ajoutons pas foi, mais dont nous croyons la production utile, et à votre insu, par vos immuables formes de contrainte et d'austérité, tout en nous prêchant le courage, vous nous avez découragés.

» Nos Pères,

» Après ce que nous venons de dire, avons-nous besoin d'ajouter que notre amour pour vous a mille fois grandi ; l'acte solennel que nous venons de consommer en est un sûr garant, car en même temps que nous vous parlons avec une entière franchise, nous nous livrons à vous avec un complet abandon. Nous croyons que cette loyauté est la vraie base sur laquelle doit reposer la morale nouvelle. C'est parce que nous avons foi, en vous et en nous, que nous avons pu vous dire ces choses. Nous vous les avons dites, parce que nous espérons qu'elles rapprocheront le jour où vous serez plus unis. Ce jour-là vous aurez bien grandi à nos yeux, car votre langage et votre face seront l'expression vraie de votre sentiment, vous nous apparaîtrez tels que vous êtes, dans toute votre grandeur.

» Et, en terminant, nous sentons le besoin de nous adresser à tous nos frères ; si quelque chose les blesse dans notre démarche et nos formes de langage, nous les prions de nous le pardonner, et de mesurer notre démarche et nos formes, non point selon les apparences sur lesquelles on peut se méprendre, mais selon la réalité de notre amour pour nos Pères, pour eux, pour l'amélioration de la classe la plus nombreuse et la plus pauvre. »

Au bas de cette adresse, on lit la note suivante :

« Talabot, Michel et Cazeaux acceptent seuls, dans toute son étendue, la responsabilité de ces paroles, qui sont l'expression fidèle de leurs sentiments; mais plusieurs de leurs frères, dont les noms suivent, se déclarent solidaires de leur démarche et de l'ensemble de leurs pensées, faisant d'ailleurs leurs réserves, quant à l'empreinte personnelle que porte cet écrit, et sauf les observations de détail que chacun d'eux se réserve de faire, s'il y a lieu.

» Les membres du collége dont les noms suivent ont adhéré avec les restrictions indiquées :

» Claire Bazard et Cécile Fournel, avec leurs réserves écrites ; Hoart, Jules Lechevalier, Bouffard, d'Eichthal, Duveyrier.

» Barrault, tout en approuvant l'écrit, a déclaré s'abstenir, à cause de son absence du collége.

» Dugied, seul de ceux des membres du collége auxquels nous nous sommes adressés, nous a répondu par un refus complet et formel. »

Le refus de Dugied fut cause sans doute que l'adresse ne fut pas présentée à ceux des membres du collége dont on pouvait craindre, par diverses raisons, de ne pas obtenir l'assentiment, tels que Transon, Fournel, Lambert, Leroux, Carnot, J. Reynaud, Laurent et mademoiselle Aglaé Saint-Hilaire.

Les détails de cet incident, qui a son importance dans l'histoire du saint-simonisme, ont été écrits par Michel Chevalier, en marge d'une copie de l'adresse, copie qui est de la main même d'Enfantin. Ce récit a un intérêt historique, aussi bien que la pièce dont il est le complément; les saint-simoniens n'ont jamais cru avoir rien à perdre à ce que l'on pénétrât dans l'intimité de leur vie doctrinale.

« La rédaction de cette note (l'adresse aux Pères) fut convenue entre Cazeaux, Talabot et moi un matin, dit Michel Chevalier; je ne sais plus qui, de Talabot ou Cazeaux, la proposa. J'acceptai, et j'allai chez M. Louis d'Eichthal pour avancer notre projet d'emprunt, car nous avions formé le projet d'*agir* pendant que les Pères discutaient. Ces idées d'emprunt nous étaient venues à la suite de conversations avec E. Pereire.

Pendant que j'allais chez M. d'Eichthal, Cazeaux rédigea la note.

» Voici en quelles circonstances ce projet fut conçu et exécuté.

» Les discussions sur la loi morale ont eu deux actes. Entre les deux, il y eut une sorte de trêve, à force d'instances de Bazard ; ce fut dans cet intervalle que Jules repartit pour la mission de l'Est. Nous avions tous les trois le plus vif désir de voir Bazard s'accorder avec le Père, c'est pourquoi nous prîmes cette suspension d'armes pour un commencement de paix. Mais bientôt les débats reprirent. Précédemment ils avaient eu un caractère théorique en ce sens que ce paraissaient être des discussions de principes ; à la reprise, le caractère de discussions de personne y fut saillant. Nous comprîmes que le Père tendait à dominer Bazard et que Bazard cherchait à écarter le Père. Cette notion plus exacte du vrai caractère de la crise entra chez nous très-douloureusement. Nous en fûmes effrayés ou courroucés, chacun selon notre nature, et selon les diverses faces sous lesquelles la question se présenta à nous. Toutefois, chez tous trois, le sentiment de *soulèvement* dominait.

» Talabot était plus particulièrement préoccupé

de ce que les Pères consumaient leurs forces et paralysaient les nôtres, dans un duel d'amour-propre ou d'ambition personnelle. C'étaient ses expressions, il était très-animé.

» Cazeaux tenait principalement à juger les deux Pères. Il avait surtout en vue les deux allocutions qui leur sont spécialement adressées.

» Pour moi, je désirais surtout faire quelque chose qui prouvât la puissance propre aux membres du collége.

» Tels furent les sentiments que nous exposâmes, tous les trois, dans la conférence qui précéda la rédaction.

» Cazeaux fut très-prompt dans la rédaction, nous revîmes ensemble son projet. La plupart des modifications qui y furent faites furent proposées par moi, et acceptées et appuyées par Talabot.

» La première partie est surtout une déclaration d'émancipation. Il avait été convenu entre nous qu'il en serait ainsi, et nous comptions beaucoup sur ce moyen; nous pensions que les deux Pères, étant très-jaloux de leur autorité, seraient fort émus de nos prétentions à l'indépendance ou au moins à une personnalité prononcée, et qu'en vue de raffermir leur pouvoir, ils pourraient bien se rapprocher.

» Les modifications, faites par nous trois ensemble à cette première partie, ont été peu importantes quoique nombreuses A cette époque-là, ce qu'écrivait Cazeaux était le plus souvent diffus et incertain, mais de telle sorte qu'en retranchant une phrase ou un membre de phrase, sur deux ou trois, presque sans autre correction, on obtenait une rédaction nerveuse. C'est de cette manière surtout que la première partie (jusqu'à ces mots : *Père Enfantin, nous vous dirons sans préambule*) a été revue.

» On voit d'ailleurs par cette première partie que cette pièce a été écrite peu de temps après cette séance du collége où Bazard, le Père le laissant momentanément faire, nous avait engagés à reprendre nos précédents travaux, comme si de rien n'était, disant que les deux Pères évoquaient la question à eux, ce que Rodrigues appuyait fort ; il aurait voulu un ajournement de trois mois, six mois, un an. Par le fait, la prétendue évocation n'avait eu aucun effet. La discussion avait continué par conversations et conférences individuelles.....

» La rédaction définitive, et la révision des deux allocutions adressées chacune à l'un des deux Pères, ont été plus longues et plus difficiles, surtout en ce qui concerne le PÈRE. Pour cette partie, la rédaction fut recommencée plusieurs fois sur le projet de Cazeaux. Talabot la refit après une première conférence. Sur son œuvre, nous eûmes encore une conférence suivie de révisions et corrections. Ce fut l'un de nous (Cazeaux ou moi) qui, toutes corrections convenues et arrêtées d'un commun accord, la recopia définitivement.

» Je le répète, notre embarras en arrêtant la rédaction définitive ne fut grand qu'en ce qui concerne le PÈRE. La partie relative à Bazard fut modifiée en beaucoup moins de temps, et avec beaucoup plus de facilité.

» Les modifications, apportées à l'allocution au PÈRE, étaient presque toutes dans un sens d'affection pour le PÈRE. Talabot, qui *paraissait* très-indisposé, irrité même contre le PÈRE, les appuya hautement.

» Dans toute cette œuvre, nous n'eûmes d'ailleurs aucune contestation entre nous. »

XIII

(1831)

(Novembre.)

L'évocation des questions délicates par les chefs n'en avait guère avancé la solution, selon la remarque de Michel Chevalier. Cependant, après tout ce qui s'était dit, dans les discussions et les interpellations si dramatiques du collége, personne ne pouvait plus douter que la majorité, tout en refusant son adhésion aux théories morales d'Enfantin, ne fût disposée à le reconnaître pour le vrai et l'unique Père suprême de la famille saint-simonienne. Les confessions franches et nettes de chaque membre, en pleine séance, avaient dû convaincre entièrement Bazard à cet égard ; aussi, après beaucoup d'hésitations et de résistances douloureuses, finit-il par accepter la position secondaire de chef du dogme, à côté de Rodrigues nommé chef du culte, sous la suprématie d'Enfantin.

« C'est le mardi 8 novembre 1831, écrivait Fournel à Enfantin, en 1833, qu'eut lieu la réconciliation d'un instant qui avait porté tant de joie dans la famille saint-simonienne. Bazard consentit à une *espèce de présidence* remise en vos mains. Il était quatre heures après midi... à l'instant, les deux camps se mêlèrent dans le salon où vous causâtes longuement... Vous vîntes dîner avec nous à la table de Bazard, dont la contenance restera toujours dans ma mémoire. Le soir grande illumination dans le salon, Leroux et Transon vont à la salle Taitbout annoncer l'heureuse nouvelle. Tous accourent, félicitent le *chef du dogme* sur la grandeur de son sacrifice, chacun s'embrasse, se félicite, on eût dit un peuple délivré subitement du plus pressant danger. Je vois encore Reynaud embrassant Bazard, Reynaud qui, le dimanche, 6, à table, avait été percé au cœur par Bazard [1]...

1. A la suite de ce regrettable incident, J. Reynaud avait envoyé à Bazard et à Enfantin la déclaration suivante :

« Chefs suprêmes,

» Ne me comprenant plus une place à laquelle je puisse m'asseoir, au milieu de la famille saint-simonienne, avec la dignité qu'il me faut, je me retire. Je dois à moi et à tous d'expliquer la nécessité de ma conduite, et ce devoir, je le remplirai. Il m'a paru que la manière la plus convenable d'agir, pour moi et pour tous, était d'exposer ma situation à la réunion générale du mardi, et, comme le *Globe* a donné quelque publicité à mon nom, d'y insérer une courte lettre. »

J. R.

Voici maintenant une note d'Enfantin, renfermant quelques détails sur les causes et les premières manifestations de l'irritation de Reynaud :

« Au milieu d'un de nos dîners les plus nombreux, Reynaud avait émis une opinion, je ne sais sur quel sujet d'art; Bazard la releva, sous une forme assez rude, qui parut à Reynaud celle d'un démenti. En sortant du dîner, Reynaud passa dans ma chambre, pour prendre son chapeau et sortir, je le suivis; mais comme je l'engageais à passer par le second salon à cause de l'état de sa figure qui était toute bouleversée, il me dit :

— « Croyez-vous que je ne saurai pas les empêcher de lire

» Le mercredi 9, j'entrai à huit heures du matin dans la chambre de Bazard ; il était couché et paraissait excessivement fatigué... C'est ce même jour, vers dix ou onze heures du matin, que vous vîntes dans la chambre de Bazard ; il vous donna, en ma présence, des témoignages d'affection.

— « Je vous connais maintenant, vous dit-il, et » vous rends justice ; votre doctrine est incarnée en » vous, mais hier nous avons fait de l'enfantillage ; » cela n'était pas possible, je ne saurais maintenir » ce qui a été fait hier. »

« Pour vous, ajoute Fournel, vous lui dites que vous persistiez, que vous pressentiez ce qui adviendrait de la publication de vos idées, que vous saviez bien qu'on vous jetterait de la boue, mais que vous étiez résigné à la recevoir... »

Le 11, la séparation fut complète, Bazard se retira définitivement.

sur ma face ? » Et, en effet, il ouvrit la porte, traversa le salon d'un air assez calme, dit quelques mots à deux ou trois personnes, et sortit. Je le suivis encore et restai plus d'une demi-heure dans la rue avec lui, sans pouvoir le calmer ; il me quitta. Je crois que ce fut le lendemain, et non le 27 novembre, qu'il écrivit au crayon le billet à Leroux, car Leroux lui-même me le fit lire, et le 27 je n'avais plus de relations avec lui. » (*Écrit à Sainte-Pélagie, le 7 janvier 1833*)

La copie du billet au crayon se trouve dans les archives saint-simoniennes.

Le 19, Enfantin convoqua une réunion générale de la famille saint-simonienne, et ouvrit la séance en ces termes :

« Chers enfants,

» Je vous ai tous vus séparément dans les réunions des différents degrés : mais je veux vous parler aujourd'hui à tous, assemblés en famille...

» J'ai besoin de vous remettre sous les yeux les actes accomplis depuis trois ans surtout, pour vous donner l'entière intelligence de la position actuelle.

» Lorsque vous avez fondé la hiérarchie ; j'avais *appelé* BAZARD à partager avec moi l'autorité suprême :

» BAZARD demanda du TEMPS pour réfléchir ; du TEMPS! et c'est là l'explication de toute notre vie, à l'un et à l'autre. Depuis cette époque jusqu'à ce jour, j'ai PROVOQUÉ tout ce qui a été *pensé*, tout ce qui a été *fait* dans la doctrine ; je l'ai PROVOQUÉ devant la négation de BAZARD, qui toujours demandait du *temps* pour réfléchir.

» Ceci n'est point un blâme que je jette sur le passé ; c'est une justice, c'est l'expression de la vérité... »

Enfantin passa ensuite à l'exposition des idées

qui avaient amené la rupture flagrante entre lui et Bazard; mais il fut empêché de la terminer[1] par une vive interruption de Pierre Leroux, interruption qui devint le signal d'une discussion générale.

Pierre Leroux : Vous exposez là une doctrine que vous avez développée devant le collége, et qu'il a unanimement réprouvée : je suis venu ici pour le déclarer, je vais me retirer.

PÈRE ENFANTIN :

« Il est impossible à un homme, en voici la preuve, de maintenir l'égalité entre les hommes et les femmes qui ont des affections PROFONDES, et les hommes et les femmes qui ont des affections VIVES. La preuve, je vous ai dit qu'elle était présente; vous la voyez. En effet, il ne m'est pas donné aujourd'hui de prononcer une parole qui satisfasse les êtres à affections PROFONDES et les êtres à affections VIVES. Voilà l'homme (montrant Leroux) qui représente le mieux la VERTU, *telle qu'elle a été conçue jusqu'à présent*. Et vous le voyez, la vertu EXCLUSIVE de cet homme ne peut pas comprendre ce qu'il y a d'UNIVERSEL dans mes paroles. »

1. Cette exposition sera intégralement publiée, soit dans la correspondance, soit dans les travaux spéciaux d'Enfantin.

PIERRE LEROUX : C'est parce que votre doctrine est un pur système, discuté et réprouvé dans le collége, que je suis venu le déclarer ici.

PÈRE ENFANTIN : J'ai dit moi-même que ces idées m'étaient personnelles, qu'elles devaient avoir la réprobation de tous les HOMMES, parce qu'elles étaient dans des termes tels que la FEMME pouvait, entre ces termes et ceux de la loi chrétienne, dire tout ce qu'elle avait à dire : je l'ai dit; je tiens à ce que tout le monde sente pourquoi je m'exprime ainsi. Il est impossible de concevoir comment la femme serait affranchie si un homme n'osait pas s'exprimer comme je viens de le faire : elle ne parlerait pas.

CARNOT : Lorsque tous réprouvent les idées émises par le chef d'une association, il leur est impossible de demeurer en communion avec lui.

PÈRE LAURENT : Ayez donc la patience d'attendre.

PÈRE BARRAULT : Vous avez accepté la hiérarchie du père Enfantin.

CARNOT : Je vais la renier, il faut que toute vérité soit connue.

JULES LECHEVALIER : Quant à moi, je me retire,

car je n'accepte plus la hiérarchie du Père Enfantin, je n'accepte pas non plus celle du Père Bazard. Je suis encore une fois seul dans ce monde. — Si vous me permettez de parler, comme vous en avez le droit, puisque vous présidez une réunion où tous vous reconnaissent pour chef, je ferai ma profession de foi publique.

PÈRE ENFANTIN :

« Tu parleras..... je le répète, j'ai dû poser des termes tels que la femme, en présence de ces termes et de la loi chrétienne, fût en libre possession de la parole : voilà ce que j'ai voulu et ce que je veux encore aujourd'hui. Je vous ai déclaré que vous eussiez à regarder mes idées sur la femme, comme l'opinion d'un seul homme et non point du tout comme une LOI, comme une doctrine, car il n'y aura de LOI et de doctrine MORALE définitive qu'alors que la femme aura parlé. Je vous ai déclaré en outre qu'en attendant la loi *définitive*, nous avions une *règle morale* à laquelle je veux, moi le premier, m'astreindre, vous demandant, à vous aussi, de le faire; je vous ai déclaré que tout acte, aujourd'hui, parmi nous, qui serait de nature à être réprouvé par les mœurs et les idées morales du monde, était un acte immoral, et que je le regardais comme la preuve de désaffection la plus grande qui pût m'être donnée : et voilà qu'après ce que j'ai dit, des hommes, qui m'ont suivi jusqu'à présent, PROTESTENT contre l'apparition de cette parole. Il faut donc qu'il y ait dans leur cœur une réprobation contre la femme, bien puissante encore! Que craignent-ils? que la femme ne parle, probablement! que la femme ne vienne dire ce qu'elle sent! je dis *la femme* : ils ne peuvent pas craindre que ce soit une femme dégradée, avilie, infâme. Que pourrait-elle sur vous? pourrait-elle vous faire marcher? Une femme d'immoralité! elle n'aurait aucune puissance sur vous?

» Avez-vous peur qu'une femme, qui aurait en effet la puissance d'entraîner, vienne parler et dire : Je sens ainsi l'avenir? mais cette crainte, c'est toujours la réprobation de la femme. Vous le savez pourtant : il faut qu'une femme vienne; puissante, qui se mette à la tête de l'humanité, et qui dise ce qu'elle sent avec tout le courage que j'ai pour l'appeler. Or, en ce moment, vous êtes évidemment dans l'impuissance d'appeler la femme, car ce n'est pas, avec une PROTESTATION contre l'immoralité d'une théorie d'avenir, qu'il est possible de dire aux femmes de parler, de parler devant les hommes, de dire sans rougir tout ce qu'elles veulent. Ce n'est pas par une PROTESTATION, par une NÉGATION, que vous pouvez appeler la femme, vous ne pouvez l'appeler qu'en *affirmant*, qu'en disant ce que vous désirez pour elle, comment vous concevez, comment vous espérez l'avenir pour elle. Or vous n'affirmez rien, vous ne l'appelez pas, VOUS NE L'AIMEZ PAS!

» Eh ! comment se fait-il que cette inspiration, que cette pensée de l'appel de la femme ne soit venue à aucun de vous, depuis bientôt six mois que je suis dans le collége répétant les termes de l'appel, ainsi que je le conçois, et que vous soyez obligés aujourd'hui de vous retirer? C'est que probablement vous n'avez pas une pensée, pas un sentiment d'émancipation pour la femme, c'est que sans doute vous ne voulez pas la voir parler, s'énoncer LIBREMENT. Si vous aviez voulu appeler la femme, au milieu de la lutte vous auriez parlé, vous auriez dit comment vous voulez l'appeler, mais vous n'avez rien dit, vous avez pu NIER, et vous n'avez rien pu AFFIRMER. Vous avez l'amour du passé, vous n'avez pas l'amour de l'avenir, et c'est pourquoi vous êtes muets en regard de l'avenir... A présent, Jules, parle. »

JULES LECHEVALIER. « Et moi aussi je crois à la nécessité d'appeler la femme; je crois que l'homme et la femme unis, s'entendant ensemble, peuvent seuls donner la loi de l'avenir. Ainsi, ce n'est point à cause de l'appel de la femme que j'ai pris la résolution que je viens vous communiquer et par laquelle je me sépare, pour le moment, de toute hiérarchie. Mais ce que je reconnais comme une grave erreur, ce dont je m'accuse, comme d'une faute que j'ai commise et que j'ai laissé commettre (et ici je *m'accuse*, afin de pouvoir également accuser les deux chefs de notre ancienne hiérarchie), c'est d'avoir cru à la possibilité de *constituer une famille* et d'avoir travaillé à la *réalisation* d'une *société* avant que la loi ne fût trouvée.

» Oui, je pars de ce principe, parce que c'est le principe le plus large admis par le Père Enfantin, savoir, que le problème social de l'avenir dont l'expression est l'*association la plus complète*, l'*abolition de toute exploitation*, la *constitution de l'humanité pour le progrès*, ne peut être résolu que par l'établissement d'une *loi vivante*.

» J'admets aussi que cette loi vivante ne pourra exister que par l'union de l'homme et de la femme. Je dis alors qu'il n'est pas possible de songer à constituer la famille saint-simonienne, tant que cette loi vivante ne sera pas trouvée, et que même jusque-là la *religion* et la *politique*, tout aussi bien que la *morale*, devront rester à l'état d'élaboration, puisque la femme est déclarée l'égale de l'homme, dans le *temple* et dans l'*État*, aussi bien que dans la *famille*. Mais ce que je dis ici, je ne fais que le supposer en face de ceux qui acceptent encore tous ces principes, et je ne veux pas déclarer y avoir une foi entière, car j'avoue que je suis arrivé au DOUTE, au DOUTE COMPLET sur toute la doctrine, à l'état où je me trouvais avant d'être saint-simonien. Je n'accepte donc cette révélation sur la loi vivante et sur l'avenir de la femme, qu'afin de prendre position devant vous, et parce que, même en l'acceptant, je puis motiver suffisamment ma résolution.

» Maintenant je vais vous dire mon histoire de saint-simonien et vous raconter mon passé pour justifier autant que possible ma situation présente; après, je vous dirai mon but pour l'avenir. Le Père Enfantin prétend qu'en retournant au DOUTE, je devrais aboutir au suicide, si j'étais conséquent. Non! je proteste de toute mon âme contre un pareil sentiment. Je puis bien avoir perdu la foi que j'avais en la doctrine, mais j'ai foi à la *vie*, j'ai foi au *travail*; je travaillerai jusqu'à la mort, avec l'espérance de trouver la vérité. On m'a classé comme *théologien*, je veux bien n'avoir été qu'un théologien. Le théologien est celui qui cherche la vérité. Eh bien! il y a une unité dans ma vie, je me suis toujours dévoué à la recherche de la vérité. Si c'est là toute ma vocation, toute ma capacité, je continuerai comme j'ai commencé.

» Depuis l'âge où l'homme peut se décider librement à quelque chose, je n'ai pris que deux résolutions : celle qui m'a fait déclarer que j'acceptais la religion saint-simonienne, et celle qui me fait déclarer aujourd'hui que je ne l'accepte plus.

» Le jour où j'ai été converti à la doctrine, j'y suis venu avec une profession de foi écrite. Dans cette profession de foi, j'ai dit que je croyais avoir trouvé le but de ma vie; qu'au nom de Dieu, je mettais ma destinée entre les mains de *Bazard-Enfantin*, chef de la doctrine qui m'avait été annoncée par *Ch. Duveyrier;* qu'après huit années de recherches, de travail, j'étais heureux de pouvoir enfin *m'orienter* vers l'avenir ; que j'y marchais, parce que je croyais me trouver sous l'influence de la doctrine la plus favorable au progrès, et avec les hommes les plus dignes de me guider pour l'accomplir. Je reconnaissais donc par là l'*imperfection* de la doctrine et celle des hommes qui la dirigeaient ; mais je sentais que, de mon côté, l'imperfection était encore plus grande, et je me soumettais avec dévouement à ceux que je regardais comme supérieurs à moi. Le sentiment de ma propre faiblesse était si profond, que je n'hésitai point à le confesser. Cet aveu me purifia, me fortifia et me permit d'accomplir les fonctions qui me furent confiées. Depuis, j'ai toujours travaillé avec zèle et ardeur, et ici j'en appelle à tous ceux avec lesquels je me suis dévoué à l'humanité, je leur demande si jamais, même dans les circonstances difficiles, je leur ai paru faible, manquant de courage et d'énergie (*marque d'adhésion générale*). On m'a souvent donné mission de *gouverner* des hommes et *des femmes!* J'ai eu la faiblesse d'accepter, ainsi j'ai été nommé directeur du second degré ; mais, en réalité, je n'ai jamais pu le diriger; convaincu de mon insuffisance, je me démis de cette fonction et je ne m'en pris qu'à moi-même. Mais je ne tardai pas à voir que beaucoup d'autres raisons, dont je n'avais pas eu nettement conscience, m'avaient empêché de diriger convenablement le second degré, le collége lui-même n'était guère mieux gouverné, les deux chefs n'étaient plus d'accord en politique ni en *morale;* ils n'étaient plus en *religion*. Du jour où j'ai eu la conviction de ce fait, ma foi dans les Pères, surtout comme *directeurs d'hommes*, a failli, mais je n'ai jamais cessé de croire que les hommes, avec lesquels je travaillais, étaient dans la voie de l'avenir, que j'y étais moi-même. Sur ces entrefaites, la discussion fut portée dans le collége, j'étais en mission. Ici je dois déclarer que, depuis le moment où je me suis avoué *missionnaire*, et où j'ai *préféré* cette fonction à toute autre, l'état de ma foi a été tel que je viens de l'exprimer.

» J'avais prévu que jamais l'accord ne pourrait s'établir entre nos Pères, tant que leur position relativement l'un à l'autre ne serait pas changée; je leur écrivis de Strasbourg et leur proposai quelques moyens de conciliation; mais je n'osai point envoyer cette lettre, craignant d'avoir été trop loin. Ce fut alors que je reçus de *Duveyrier* une lettre m'annonçant que tout était fini, et que nos deux Pères s'étaient embrassés en présence du collége. Je fus vraiment transporté de joie, et j'écrivis immédiatement à Bazard-Enfantin que, pour la première fois, je me sentais entièrement *religieux* et plein de foi en eux, que j'allais venir me jeter dans leurs bras. Cette lettre fut portée par Capella.

» A mon retour de Strasbourg, je trouvai la discorde au lieu de l'accord; seconde illusion détruite! Le collége me sembla divisé en deux camps, celui du Père Bazard et celui du Père Enfantin : pour moi je bornai mon rôle à essayer d'écarter la question qui avait amené la discussion entre nous, et par mon amour, par des témoignages de toute nature; je m'efforçai de maintenir, entre les deux Pères, un équilibre que je *rêvais* ; car en politique on rêve toujours, quand on cherche l'*équilibre* des pouvoirs. Ma position ne fut pas bien comprise, on m'appela un homme du *juste-milieu*. J'avais pourtant un parti bien pris, et je ne songeais pas à m'arrêter en chemin; car déjà j'avais déclaré à Carnot, qui peut ici en rendre témoignage, que, si les deux chefs de la doctrine cessaient d'être d'accord, je ne marcherais ni avec l'un ni avec l'autre, mais que jusque là je voulais tout faire pour éviter une rupture. (*Carnot* : C'est vrai.) La discussion fut suspendue un moment, je repartis pour Metz en qualité de missionnaire. Là je reçus une lettre où l'on m'annonçait officiellement que le père Enfantin était devenu le chef suprême de la religion, qu'à côté de lui se trouveraient désormais placés : *Olinde Rodrigues* comme chef de culte, et *Bazard* comme chef du dogme. Je fus tout étonné d'apprendre que Bazard avait consenti à *obéir*. Aussi n'avais-je pas grande confiance dans cet arrangement, mais la pièce était officielle..... »

Enfantin rappelle ici que c'était Bazard qui l'avait rédigée lui-même.

Passant à l'état présent des choses, Jules Lechevalier continue ainsi :

« Le Père Bazard s'est éloigné de la maison de Saint-Simon; il laisse un autre que lui parler seul en ce nom ; je ne crois pas que le Père Bazard puisse, du moins pour le moment, prétendre à une mission de *chef.* Le Père Enfantin veut s'instituer chef d'une association qui réalise, d'un *gouvernement* et non d'un *corps apostolique*. J'expliquerai plus tard comment je conçois la constitution de ce corps apostolique. Pour le moment je me contente de proclamer que le seul moyen de salut pour la doctrine de Saint-Simon, c'est de cesser l'*œuvre de réalisation* qu'elle a entreprise, et de chercher, non plus des *sujets*, mais des *apôtres*. Quant aux nouvelles théories morales et aux questions de doctrine qui me séparent du Père Enfantin, je ne puis pas encore m'expliquer nettement puisque je doute, mais ce qui est profondément résolu chez moi, ce dont je réponds devant Dieu et devant les hommes, c'est que je ne marche plus, tant qu'on voudra réaliser ; c'est que je ne reconnais plus de famille saint-simonienne. Vous voyez que je suis dans une situation douloureuse. Oui, je *doute* ; je doute même de Saint-Simon, je doute de ceux qui l'ont continué, je doute de tout enfin, je redeviens *philosophe.* »

Cette déclaration souleva de vives réclamations. » Doutez-vous, s'écria Raymond Bonheur, qu'il y ait nécessité de s'aimer les uns les autres? *Tout Saint-Simon est là!* »

Jules Lechevalier : « Je ne répudie pas mon passé, j'accepte encore l'héritage de Saint-Simon, mais *sous bénéfice d'inventaire* ; je reconnais que Bazard et Enfantin, qui ont été enseignés par *Rodrigues*, sont ceux qui jusqu'ici ont le mieux continué Saint-Simon ; je reconnais leur devoir beaucoup ; mais pour l'avenir, je n'ai plus foi en eux. Me voici donc encore une fois *seul*, seul sur la terre; mais, comme l'a dit, en me voyant ce matin, un des hommes qui reconnaissent partout des *symboles* (Ch. Duveyrier), je porte encore l'*habit de l'espérance*, Oui, je vais chercher la vérité avec un ferme espoir de trouver ce qui sera bon pour mes semblables et pour moi. Je sais à quel sacrifice doit se condamner l'homme qui ose accepter une position pareille, et je connais toute la responsabilité que j'ai assumée sur ma tête, en prêchant au monde la parole de Saint-Simon. Il ne m'est plus permis de reculer, et plus que jamais je me dévoue à l'humanité, à la vérité. »

Jules Lechevalier termine par ces mots :

« Je n'ai plus rien à ajouter ; *tout est fini maintenant.* (Jules se dispose à sortir.)

PÈRE ENFANTIN : « Jules, tu sais bien que tu as dit dans ta profession de foi. *Tout est fini et tout commence.*

JULES : « Oui sans doute. Tout est fini et tout *recommence.* » (Jules se rasseoit.)

TRANSON donne lecture de la lettre qu'il a écrite à Jules Lechevalier.

» Moi ! dit-il, je ne suis pas philosophe, je suis un homme religieux ; c'est vous, Père Enfantin, qui me l'avez appris. Oui, je suis un homme religieux, et c'est précisément parce que je ne vois plus de religion, ni en Bazard ni en vous, que je me retire. Je suis un *porte-bannière*, je ne porte plus la vôtre, je n'y ai plus foi, je disparais. Voilà comment je ne suis pas philosophe ; mais bien un homme religieux J'irai où je verrai une religion. Vous, Père

Enfantin, vous me connaissez, c'est vous qui m'avez mieux compris que personne. »

PÈRE ENFANTIN : Ce que tu as écrit de mon intelligence *incomplète*, et sur mon sentiment *incomplet* de la nature humaine, n'est-ce pas comme si tu avais dit que je n'ai pas de femme, que tu n'as pas ici de mère? Ne rattaches-tu pas ces deux choses l'une à l'autre? et ne penses-tu pas que l'homme qui est à la tête de la doctrine, n'ayant pas de femme, doit avoir *l'imperfection* que tu viens de signaler? Si donc cette imperfection, que tu lui reproches, était en effet dans la nécessité même des choses; si, par exemple, dans l'impuissance où il est de déterminer les confessions publiques, il s'était trouvé dans une position où, pour les déterminer, il fallait indirectement les *provoquer*, je te demande alors si tu pourrais dire : Je me sépare de cette bannière? »

TRANSON : « Je crois bien que l'absence d'une femme qui vous complète est une des raisons qui nous ont mis jusqu'ici dans l'impuissance de produire des confessions publiques. Tout ce qui m'a répugné, tout ce qui a fait que je me sépare de vous, c'est qu'ayant eu la puissance de provoquer les confessions particulières, vous les avez divulguées, vous en avez fait usage, sans le consentement de ceux qui les avaient faites.

PÈRE ENFANTIN : « Pour la doctrine ! »

TRANSON : « J'avoue que l'usage que vous en avez fait était en faveur de la doctrine et dans les intérêts de l'humanité; mais je n'en persiste pas moins à dire qu'il y a là mépris de la dignité humaine; je suis prêt à me sacrifier pour l'humanité, mais je veux savoir que je me sacrifie ? je livrerai ma vie quand on voudra. »

PÈRE ENFANTIN : « Tu as raison, c'est ce qui doit nous presser d'avoir dans la doctrine la FEMME, que nous appelons aujourd'hui; c'est elle qui doit déterminer la LIMITE que personne ne doit franchir, sans sacrilége, la limite de la *personnalité*. Je te demande à toi si tu ne penses pas que la présence de la femme fera disparaître cet abus, et que l'individualité parmi nous n'est pas assez respectée, précisément parce que nous n'avons pas de famille, pas de femme. »

TRANSON : « C'est parce que l'individualité n'est pas assez respectée que je me retire. L'homme ou la femme qui vous auront confessé leur vie, leurs actions, qui vous auront donné ce témoignage de confiance, repousseront votre autorité, si vous usez de leur confession, sans leur en avoir demandé la permission. »

PÈRE ENFANTIN : « Sous quelle loi tout cela a-t-il eu lieu? Quand nous avons pris la doctrine, Bazard et moi, les individualités ont disparu complétement : vous avez été sous une loi despotique, nous avons eu seuls un NOM..... Nous avons dit, dans le temps dont je vous parle, que le prêtre ou le chef avait liberté de faire de la confession ce qu'il jugeait convenable. Cela a été dit : jamais tu n'as entendu d'autres paroles sortir de la bouche de Bazard ou de la mienne; vous sentiez tous, comme nous, que nons ne pouvions gouverner la doctrine, à l'état d'imperfection où elle était, sans avoir cette forme ABSOLUE de gouvernement...

» Je le répète, *tant que la femme ne sera pas au milieu de nous*, exerçant avec l'homme l'autorité, les LIMITES dans lequelles le pouvoir devra restreindre son influence sur les *individus* seront mal posées, le cercle de la *personnalité* sera trop resserré ou trop étendu; la seule *autorité* légitime est celle de l'*homme et de la femme*, car c'est la seule qui puisse donner la véritable *liberté*. »

PÈRE MICHEL CHEVALIER (*à Transon*) : « Tu trouves qu'il y a eu jusqu'à présent un grave abus dans le gouvernement saint-simonien; ce n'est pas là une raison pour te séparer de nous. »

Père Duveyrier : « Il est très-vrai que la dignité, la personnalité humaine n'a pas été assez respectée. Mais évidemment, quelque effort qu'ait pu faire le Père Enfantin pour se grandir, il lui a été impossible de réaliser tout ce que nous attendons de notre chef; *la femme n'étant pas là*. Le moyen le plus prompt de remédier à cet abus, c'est d'*appeler la femme*. »

Transon : « J'accepte complétement ce que vient de dire Duveyrier; mais je ne veux pas que l'on use de la confiance des hommes sans leur consentement. Je crois que le Père Enfantin aurait et a très-bien fait de pousser à la confession publique; mais le moyen qu'il a employé ne me paraît pas *une imperfection qui perfectionne*. »

Jules Lechevalier : « Je ne pense pas comme Transon; ces confessions ont été faites au Père Enfantin par des hommes qui avaient accepté son autorité; il avait le droit d'en faire ce qu'il voulait. »

Ici Pierre Leroux reprend la parole pour renouveler sa protestation contre les théories morales d'Enfantin dont il déclare ne plus reconnaître l'autorité.

CAZEAUX parle à son tour. « Il doit y avoir, dit-il en s'adressant à Enfantin, deux doctrines dans le monde, une incarnée en vous, une autre dans le père Bazard. Nous appellerons aussi la femme à notre manière. J'admets entièrement votre doctrine, et je vous aime dans l'œuvre que vous accomplissez ; mais je sens une autre œuvre, et je marche. Votre doctrine est une doctrine de déliement universel dans l'ordre politique, civil et moral, mais je veux préparer la doctrine du ralliement à l'arrivée de la femme ; les deux doctrines pourront, par une révélation, marcher ensemble ; jusque-là, il faut qu'elles marchent séparées. »

LE PÈRE ENFANTIN veut faire expliquer Cazeaux, qui déclare être venu pour *protester* et non pour *discuter*.

LAURENT, s'adressant au père Enfantin, exprime ainsi son opinion :

« Je crains, dit-il, que la manière dont LEROUX a présenté la question n'entraîne quelques-uns à se méprendre sur le caractère de notre division. Il est très-vrai que, dans le collége, lorsque vous avez émis vos idées sur les relations de l'homme et de la femme, il y a eu une espèce d'émeute contre elles. Mais, ainsi que vous l'avez dit, ce n'est pas une loi, une doctrine que vous nous donnez ; votre théorie ne doit être regardée que comme l'opinion d'un seul homme, et l'exagération même de ses termes n'a d'autre but que de laisser à la femme, entre ces termes et la loi chrétienne, assez de latitude pour trouver la limite véritable. Aussi, lorsque le père Bazard a voulu motiver sa séparation sur ce fait de l'émission d'une pareille théorie, tous ceux qui vous suivent ont protesté de leur non-adhésion à vos idées. Mais en attendant la femme, vous nous appelez à concourir à votre œuvre, nous demandant toutes les inspirations de notre conscience, et toutes les ressources de notre intelligence, et nous venons. La première femme qui parlera ne sera pas infaillible ; celle qui prononcera la première parole ne s'emparera pas de nous aussitôt. Ce ne sera ni la parole de l'esclave, ni celle de la femme licencieuse qui sera puissante ; mais ce sera la femme libre de tout lien *licencieux* et de tout lien *d'esclavage*. Et même, jusqu'au temps où elle viendra, nous avons, nous, une très-grande part à prendre dans la formation de la morale nouvelle ; c'est pourquoi tous ceux qui ont foi à la morale saint-simonienne doivent rester pour concourir à sa formation. Car, certes, nous ne pouvons penser qu'après que nous avons une POLITIQUE NOUVELLE, nous ayons à conserver une MORALE ANCIENNE. »

REYNAUD : « Si je ne croyais pas le père Enfantin plus grand qu'il ne s'est posé devant vous; si je ne croyais pas qu'il y a dans sa vie quelque chose de plus fort, de plus puissant, je me retirerais, je me vouerais, moi aussi, à la recherche de la vérité. La théorie que le père Enfantin professe, sur la femme, n'est qu'un détail de l'ensemble de sa théorie sur l'humanité. Je crois que cette théorie abolit toute la liberté humaine. La femme vient à la suite. Il abjurerait la grandeur de sa mission s'il pouvait croire aujourd'hui que ses opinions seront influencées par les nôtres. Il croit évidemment que la femme viendra légitimer ce qu'il a le premier annoncé, et c'est pourquoi il marche la tête levée. Moi, j'ai foi que la femme lui écrasera la tête; mais il faut que la femme se lève; jusque-là ceux qui le suivront peuvent marcher. Eh bien! je ne me retirerai pas, je serai sur ses pas, et lorsqu'il aura parlé devant vous, je parlerai à mon tour et je parlerai plus clairement que lui. Je le montrerai TEL QU'IL EST. Voici la mission que je me conçois. Avant que la femme ait donné la parole révélatrice de la nouvelle morale, nous avons un abîme immense qui s'ouvre devant nous : Je chercherai à éclairer ceux qui n'auront pas la force de le franchir. Nous avons amené des hommes à la doctrine, c'est une responsabilité énorme pour nous. Je crains l'influence du père Enfantin sur ces hommes, je resterai à côté de lui pour le leur montrer TEL QU'IL EST. »

PÈRE ENFANTIN : « Reynaud lui seul conçoit la mission de haut protestantisme; il me sent grand, il me sait grand, il me voit grand, il veut protester là où l'on doit protester, à côté; il confirme le jugement que Transon a porté sur Bazard. C'est là que Bazard devrait être, au-dessus de Reynaud; c'est là que Bazard accomplirait, bien mieux encore que Reynaud, la mission que celui-ci veut remplir.

» Je te l'ai déjà dit, Reynaud, tu as à voir ma vie tout entière et à la signaler. Tu as à dire quel est ce monde dont tu parlais l'autre jour, ce monde de boue. Ce monde ! c'est l'homme qui fait marcher aujourd'hui l'humanité. Tu dois me sentir ainsi, jusqu'à ce que la femme te dise QUI JE SUIS; jusque-là tu ne le sais pas. Chaque fois que nous serons en présence de la famille saint-simonienne, chaque fois même que tu sentiras qu'en présence du public tout entier, tu as à PROTESTER contre un acte de mon autorité, tu le feras. »

REYNAUD : « Je ne crois pas que vous puissiez réaliser ce monde de boue ; vous ne trouverez pas, pour le réaliser, des hommes comme vous ; *je ne sais d'où vous êtes*, mais vous pouvez tromper les hommes, et c'est pour empêcher qu'ils ne soient trompés que je vous montrerai *tel que vous êtes*. Vous avez dit que, jusqu'à ce que la morale nouvelle fût révélée, on devait marcher avec la morale chrétienne. Vous adoptez donc la morale chrétienne comme pratique, et votre immoralité comme théorie.

PÈRE ENFANTIN : « Tu sais ce que j'ai dit hier : j'en appelais aux hommes forts qui n'aiment pas l'infaillibilité ; je t'ai dit que, si tu croyais à l'immoralité du chef, il y avait une seule méthode pour l'empêcher, c'est que tous ceux qui l'entouraient prononçassent hautement la volonté que j'ai manifestée tout à l'heure. J'ai dit que je regardais comme immoral tout membre de la doctrine qui commettrait, dans sa vie actuelle, un acte réprouvé par la morale chrétienne, ou plutôt par les mœurs actuelles ; j'ai dit que je regarderais un tel acte, de la part de celui qui le commettrait, comme plus insultant pour moi que jamais n'a pu l'être parole sortie de ta bouche. »

REYNAUD : « Votre théorie enlève à l'homme sa dignité et sa conscience. »

PÈRE ENFANTIN : « J'en appelle au sentiment de ceux qui m'aiment et à la raison de ceux qui ne m'aiment pas ; tu ne m'as pas compris. Tu crains les *fautes* du pouvoir, et tu le *soupçonnes ;* mais, avec la foi que nous avons qu'il n'y a plus d'infaillibilité sur la terre ; c'est une folle prétention que de dire que le chef de la doctrine est en suspicion, parce qu'il pourrait faillir. »

Après une réponse de Reynaud, suivie d'une réplique d'Enfantin, Cécile Fournel et Fournel expriment la répulsion qu'ils éprouvent pour les idées du chef de la doctrine sur la question des femmes ; Fournel déclare toutefois ne pas se retirer. Une vive discussion s'engage entre Edmond Talabot et Dugied ; Transon et Duguet y prennent part ; Carnot, Lambert, Cazeaux, Barrault, Duveyrier, Guéroult, Baud, Laurent, parlent ensuite, les uns pour faire des interpellations ou renouveler leurs protestations et leurs réserves, les autres pour y répondre. « Cazeaux me paraît être le seul, dit Laurent, qui ait bien compris la position actuelle.

Il faut que cet état anormal cesse. Les membres dissidents doivent se retirer s'ils ne reconnaissent pas le Père Enfantin comme chef, comme Père. Je ne conçois pas un tel mode de discussion ; c'est un duel qui ne doit pas exister. »

PÈRE ENFANTIN : « Il y a dans ce qui se passe un enseignement pour l'avenir. Voyez quelle anarchie parmi les dissidents ! Lambert proteste et reste néanmoins avec nous ; Dugied et Carnot donnent une règle pour la discussion ; Fournel consent à rester sans en donner aucune ; Jules est de l'opinion de Laurent sur la discussion, bien qu'il n'ait foi, ni en moi, ni en Bazard. Quoique ce qui se passe maintenant soit pour tous d'une grande utilité, je désire qu'on en finisse au plus tôt. Nous recommencerons encore lundi, mais si nous continuions à batailler ainsi, les ouvriers mourraient de faim, et les enfants que nous avons adoptés seraient délaissés; le fait évident, c'est qu'il y a des hommes qui doivent se tenir momentanément à l'écart, et se reposer. »

Deux jours après, la séance fut en effet reprise.

Séance du lundi 21 *novembre* 1831.

PÈRE ENFANTIN :

« Cazeaux, tu m'as prévenu que tu avais quelque chose à dire. »

Cazeaux : « Je viens déclarer ici, au nom de tous ceux de mes frères qui accompagnent le père Bazard, Dugied, Carnot, Fournel, Leroux, et de mes sœurs Claire Bazard et Cécile Fournel, qu'ils ne peuvent pas assister à cette séance, parce qu'ayant cessé d'être en communion avec le père Enfantin, leur position ici n'est pas convenable pour exposer leur sentiment. Du reste, toute leur vie, tous leurs efforts seront consacrés à vous exposer ces sentiments, et vous les trouverez toujours prêts à vous répondre. »

Fournel : «Vous savez tous à quel titre j'assiste à cette réunion : dans la dernière séance, plusieurs membres du second et du troisième degré se sont plaints que nous les abandonnions. Ils ont pensé que l'exposition des idées nouvelles, qui doit leur être faite, pourrait bien être incomplète ou obscure ; ils ont considéré comme une garantie pour eux la présence de quelques-uns de ceux qui rejettent ces idées. C'est là la raison qui fait que je me trouve ici. »

Père Laurent : « D'après la déclaration faite par Cazeaux, au nom de tous ceux qui suivent le père Bazard, je ne conçois pas la présence de Fournel parmi nous, à l'état de protestation. »

Fournel : « Je suis prêt à me retirer. »

Père Enfantin : « Sentez-vous votre position? »

Fournel : « Ce que je sens, c'est que j'ai besoin d'un entretien avec vous. »

Père Enfantin : « Vous l'aurez. »

Une voix : « Nous réclamons la présence du père Fournel parmi nous. »

Plusieurs voix : « Oui, oui. — Non, non. »

PÈRE ENFANTIN : « Reste, Fournel, reste. »

Saint-Chéron : « Je désire me retirer de la hiérarchie actuelle et motiver ma retraite. »

PÈRE ENFANTIN : « Nous ne pouvons entendre les protestations de tout le monde. Nous avons écouté les protestations les plus capitales, celles qui justifient toutes les autres. Ce qu'il nous importe à présent, c'est de déterminer au plus vite ce qu'est la doctrine. Notre vie n'est pas une vie de discussion, de bataille entre nous : elle doit être nette, franche et active. Nous ne pouvons nous arrêter à des discussions interminables. Rappelez-vous que nous avons mis dix-huit mois, Bazard, Olinde et moi, à traiter ces questions ; si je pouvais avoir la pensée de recommencer à les élaborer moi-même, à les développer devant vous et avec vous, jusqu'à la satisfaction complète de chacun d'entre vous, je ne serais pas votre chef, je ne saurais pas ce que c'est que de conduire des hommes, je perdrais mon temps et je vous ferais perdre le vôtre, nous ne marcherions pas. Déjà j'ai réuni les différents degrés séparément, et nous avons répondu aux demandes de chacun. Vous avez pu, tous aussi, approcher et interroger les membres du collége, qui, depuis six mois, sont au courant de toute la discussion. Il me reste à former autour de moi, le plus promptement possible, des enseigneurs qui puissent vous enseigner à vous-mêmes et au monde tout ce que je sens d'avenir pour l'humanité. C'est seulement ainsi que je serai votre chef, votre PÈRE.

» Nous avons à constituer, dans le sein de la doctrine, une *nouvelle hiérarchie*, car le sommet de la hiérarchie est changé. Nous avons à annoncer au monde une *nouvelle politique;* le caractère de notre apostolat n'est plus le même. Nous avons enfin à faire un appel que jusqu'à présent nous avons laissé dans l'oubli, l'APPEL DE LA FEMME, et pour cela, il nous faut dire des choses nouvelles aux hommes et aux femmes.

» L'impatience que plusieurs d'entre vous ont manifestée, que vous éprouvez tous à titres divers, d'arriver à la connaissance entière de tout ce qui s'est passé entre nous, de tout ce qui nous a occupés depuis six mois, cette impatience est légitime. Et cependant, les mêmes raisons qui nous ont fait garder dans le sein du collége, et élaborer dans son sein, des questions que nous nous sommes réservé de vous exposer à une époque plus éloignée, ces mêmes raisons subsistent encore, avec cette différence que vous avez aujourd'hui tous les termes généraux sur lesquels l'élaboration chez vous, entre vous et avec nous, peut se faire. Vous êtes initiés à la direction nouvelle que va prendre la doctrine.

» Vous êtes initiés à la volonté que nous avons de constituer par notre apostolat L'APPEL DE LA FEMME, et c'est là le point important qui doit maintenant nous réunir.

» Mais pour confirmer encore davantage la nécessité de cette marche prudente que je viens de vous signaler, j'ai besoin de remettre devant vos yeux une chose fort oubliée depuis quelque temps.

» Nous avons dit souvent que la doctrine saint-simonienne était la doctrine de CE QUI EST ; que nous étions des hommes du PROGRÈS ; que nous ne nous attachions que secondairement à CE QUI FUT et à CE QUI SERA, parce que nous voulons VIVRE, et que la vie, c'est le PRÉSENT. Depuis quelques jours, par un effort d'esprit, beaucoup d'entre vous ont oublié la doctrine, beaucoup d'entre vous ont cru qu'il était possible d'hésiter, de rester dans le DOUTE entre deux chefs, peut-être même à l'égard de la doctrine tout entière. Or ces positions diverses doivent cesser un jour, nous devons nous employer à les faire cesser. Mais ce qu'il y a de certain, c'est que nous ne pouvons considérer aucune des personnes qui se trouveraient dans un pareil état, comme étant dans l'ordre apostolique saint-simonien.

» Nous ne sommes pas des chefs de clan, des présidents de club ; nous nous sommes nommés vos Pères, nous vous avons donné une vie nouvelle ; nous vous avons attachés à nous, parce que nous nous sommes attachés à vous. Mais celui qui DOUTERAIT de cet amour, que nous avons pour lui, serait dans une position fausse pour nous aider à faire tout ce que nous aurons à réaliser.

» Il est bien, sans doute, que celui-là attende de nous les éclaircissements qui peuvent lui faire espérer qu'un jour il se rapprochera de nous; et nous-même, il est de notre devoir de lui donner ces éclaircissements qui pourront le ramener à nous.

» Mais l'enseignement dont vous avez besoin ne peut se faire aujourd'hui que sous la forme d'une nouvelle hiérarchie; vous avez besoin d'être reclassés, réorganisés; vous avez besoin surtout que je fasse sentir, au milieu de vous, la réalisation de la parole d'appel que j'ai promise aux femmes. La réorganisation de notre hiérarchie exige donc toute mon attention.

» Or voici ce que, dès aujourd'hui, j'ai à vous dire :

» Je vous ai annoncé, la dernière fois, en posant les premiers termes de l'appel de la femme, que j'avais eu pour but de laisser entre ces termes et ceux de la loi chrétienne une marge assez vaste pour que la femme, se présentant à nous, pût nous parler librement et sans rougir de ses désirs pour l'avenir, de sa volonté, de sa foi; et je vous ai dit en même temps que, parlant ainsi au milieu de vous, je savais tout ce qu'il y avait d'obligation, pour vous, à présenter au monde le spectacle d'une conduite qui lui donnât un gage de notre

MORALITÉ à tous, langage éclatant de notre volonté de PERFECTIONNER tout ce qui est, et non de RÉTROGRADER vers ce qui fut.

» Je vous ai dit que je regarderais, comme la preuve de désaffection la plus grande qu'un de mes enfants pût me donner, comme une injure faite à mon caractère de père, tout acte d'un saint-simonien qui serait de nature à être réprouvé, par les mœurs et les idées morales du monde qui nous entoure.

» J'ai ajouté, pour aller au-devant de la susceptibilité ombrageuse qui ne permet pas encore à un père, au chef de l'humanité nouvelle, de demander quelque chose pour LUI, sans qu'il explique en même temps que, faire quelque chose pour lui, c'est faire quelque chose pour le monde; j'ai ajouté que c'était, dans l'intérêt de la DOCTRINE aussi bien que pour MOI, que je repoussais comme immoral tout acte d'un saint-simonien qui serait de nature à blesser les habitudes morales du monde.

» En m'exprimant ainsi, je vous ai préparés à nous voir apparaître bientôt sous une forme nouvelle; nous n'avons pas été JUGES encore au milieu de vous; nous n'avons pas dit qui était *mal*, qui était bien; nous n'avons pas condamné, approuvé. Nous entrons dans une voie où la JUSTICE sera MALE.

» Nous avons autour de nous, en ce moment, des hommes qui ont vécu de notre vie, et qui pourtant vont se retirer, ou se sont déjà momentanément retirés de nous. Nous avons parmi nous des hommes qui vivent de notre vie, et qui peut-être bientôt devront se retirer de nous; en d'autres termes, l'œuvre *théorique* que nous venons d'accomplir a eu besoin de certaines puissances, qui se trouvent à cette heure réduites à l'infirmité; l'œuvre *pratique* que nous allons commencer exigera une force MORALE qui ne permettra pas à tous de nous suivre dans notre apostolat : œuvre sainte, qui nous placera devant le monde avec une FOI que tous ne peuvent point porter. Notre vie d'apôtre qui va nous faire recevoir de ce monde bien des injures, bien des calomnies; notre vie d'apôtre exige aussi une prudence que vous ne m'avez pas connue encore, et que vous trouverez en moi.

» J'ai dit, lorsque le changement de la hiérarchie s'est opéré, qu'à ces éperons avec lesquels j'avais poussé la doctrine, je saurais bien substituer une bride dans l'occasion. Le moment est venu. Il y a des hommes qui n'ont pas pu aller *assez vite :* ils sont restés. Il y aura des hommes qui voudront aller *trop vite*, ils resteront.

» Je vous ai dit que je n'étais pas pour vous un

président d'assemblée, ni même un tuteur, un enseignant ; je ne suis pas même UN prêtre, je suis LE Père de l'humanité! Je sais ce qu'aujourd'hui nous avons à accomplir, car je vous ai amenés où vous êtes aujourd'hui, et je suis devant vous A LA PREMIÈRE PLACE. Nous nous sommes dits religieux jusqu'ici, et nous avons répété des leçons d'histoire, et nous avons parlé de Jésus, de saint Paul, des premiers Pères de l'Eglise chrétienne, en les saluant de notre admiration. Nous nous sommes mis quelquefois à leur propre place, et nous nous sentions grandir en retournant ainsi en arrière ; et moi je me sens grand en votre présence, et j'ai besoin de voir en vous quelque chose qui m'annonce que nous marchons ensemble. J'ai besoin de sentir que tout ce qui m'entoure a FOI en moi, je ne peux pas le sentir aujourd'hui! je vous vois trop mêlés, trop incertains, trop faibles, vous doutez trop encore, vous n'avez pas de foi, je ne suis pas votre Père à tous. Cazeaux l'a senti, et il est venu me dire que ceux qui PROTESTAIENT se retiraient : eh bien! si quelqu'un PROTESTE ici contre l'autorité que j'assume en moi, qu'il se retire. »

Plusieurs voix : « Oui, mais nous voulons PROTESTER. »

D'autres voix : « Laissez-nous continuer, vous protesterez où vous voudrez. »

Une voix : « Il faut que l'on sache pourquoi nous PROTESTONS, et nous demandons à le dire. »

Une voix : « Il y aurait mauvaise intention de votre part si vous continuiez à troubler notre enseignement.

(*Plusieurs demandent, avec plus ou moins de vivacité, à protester ; ils se récrient contre l'empêchement qu'on y met.*)

Charton : « Nous ne pouvons nous retirer sans exposer les motifs de notre PROTESTATION. »

PÈRE ENFANTIN : « Tu remplirais en ce moment une mission fâcheuse, ce serait un appel au désordre. Si tu veux instruire chacun des motifs de ta retraite, convoque-les chez toi, fais comme ton père Bazard, comme Cazeaux.

Guéroult : « Je vous demande la permission de rester tant que je n'aurai pu expliquer mes motifs. »

(*La séance est encore quelques instants troublée par les réclamations des protestants.*)

JULES LECHEVALIER : « Je n'ai qu'une chose à dire pour expliquer ma présence. Après que j'ai eu exposé ma véritable position au père Enfantin, il m'a dit que je pouvais assister à cette séance. Après la déclaration que vous venez de faire, je sens que je dois me retirer, je sens que je porte en moi une espérance nouvelle que j'annoncerai à tous; je suis toujours fidèle à mon passé que j'ai accepté comme tradition, toujours fidèle à l'avenir que je me sens, j'ose le dire, la puissance de préparer. »

PÈRE ENFANTIN : « Jules, tu es en effet trop *logicien*, tu as été trop fort *raisonneur* jusqu'à présent, pour ne plus *comprendre*, en ce lieu, ta position.

Jules Lechevalier : « Vous êtes à la tête d'une société à laquelle je n'appartiens plus par les mêmes liens qu'autrefois; cependant je vous écouterai le plus souvent que je pourrai. »

Charton : « Il y a ici des hommes que j'ai amenés à la doctrine; j'ai besoin de leur dire les motifs de ma conduite. Comment voulez-vous que je puisse jamais les leur faire connaître aussi bien que je le pourrais en ce moment?

PÈRE ENFANTIN : « Nous vous donnerons la salle un jour, si vous voulez, mais nous ne pouvons passer l'année entière dans des discussions semblables, nous ne marcherions pas. »

Père Rodrigues : « Le monde nous attend. »

Guéroult : « Notre personnalité se trouve assez engagée, dans ce qui se passe ici, pour que notre demande ne vous doive pas paraître exagérée. »

Charton : « Nous devons à ceux à qui nous avons enseigné la doctrine de leur prouver que ce n'est pas acte de protestantisme, mais acte d'apostolat que nous faisons. »

Père Laurent : « Si vous avez enseigné quelques hommes, c'est nous qui vous avons enseignés vous-mêmes. »

Père Enfantin : « Vous avez un lieu très-commode pour donner ces explications, c'est chez Bazard. Réunissez-vous autour de lui. »

Maurize : « Je ne suis pas avec Bazard, je suis seul, je cherche ma doctrine. »

Père Enfantin : « C'est de toutes les positions la plus pénible. Je demande à Charton, à Guéroult et aux autres de se grouper autour de Bazard ; vous ne pouvez qu'y gagner et y faire gagner la doctrine. »

(*Un protestant demande également à dire les motifs de sa protestation.*)

Père Rodrigues (s'adressant à lui) : « Vous êtes chef d'arrondissement, tous les arrondissements d'ouvriers vont être constitués; je vous y attends, si vous êtes saint-simonien ! » (*Bravo! bravo!*)

Père Laurent : « Il m'est arrivé un jour de douter; j'ai adressé alors aux deux chefs suprêmes de la doctrine mes réclamations, mais je me suis bien gardé de troubler, pour cela, le cours ordinaire des enseignements et des prédications. »

Guéroult et Fournel : « La position était différente. »

Charton : « Je crois qu'il n'y a pas de doctrine ici, qu'il n'y a qu'une hérésie. »

Père Barrault : « La doctrine est ici. »

Père Rodrigues : « Quand notre Père suprême aura achevé ce qu'il a à vous dire, je me lèverai et je répondrai à ceux qui peuvent dire que la religion saint-simonienne est ailleurs que là où je suis. »

Charton : « Je désire au moins exprimer, en me séparant de vous, l'espérance que ce ne sera que pour quelque temps, car j'ai la conviction que nous serons bientôt réunis. » (*Applaudissements.*)

(*Après quelques paroles encore, les protestants se retirent.*)

PÈRE ENFANTIN : « L'homme et la femme, voilà l'individu social ; mais la femme est encore esclave, nous devons l'affranchir. Avant de passer à l'état d'ÉGALITÉ avec l'homme, elle doit avoir sa *liberté*. Nous devons donc réaliser, pour les femmes saint-simoniennes, cet état de liberté, en détruisant la hiérarchie jusqu'ici constituée pour elles aussi bien que pour les hommes, et en les faisant rentrer toutes dans la loi de l'égalité entre elles. IL N'Y A PLUS DE FEMMES DANS LES DEGRÉS DE LA HIÉRARCHIE. Notre apostolat, qui est l'appel de la femme, est un apostolat d'hommes. L'homme aujourd'hui peut être classé, parce qu'il a depuis longtemps sa liberté complète à l'égard de la femme ; mais la femme ne peut être classée que lorsqu'elle-même se sera révélée.

» Voilà notre nouvelle position à l'égard des femmes, et il faut qu'elles sentent bien que ce passage d'une hiérarchie imparfaite et incomplète à l'état d'égalité, ne fait qu'établir leur utilité, leur importance dans l'œuvre de la doctrine, plus réellement que jamais elle n'a pu l'être. Cet état d'*égalité confuse* présentera de grands inconvénients sans doute; mais il aura un avantage immense sur la *hiérarchie fautive* que nous avons pu poser jusqu'à présent, puisque la femme ne s'étant pas encore révélée libre, tout classement de femme a été fait par la loi d'homme, et mal fait.

» Voilà le fait capital qui va constater le changement de la hiérarchie actuelle. Les femmes n'apparaîtront plus sur l'estrade, à la prédication. Les femmes ne feront plus, extérieurement à la doctrine, partie de la famille saint-simonienne; elles seront, extérieurement, toutes à l'état d'appel, comme toutes les femmes du monde qui nous entourent.

(*Montrant le fauteuil vide qui est à côté de lui.*)

» Voici le symbole de cet appel; ce sera le seul qui manifestera l'appel de la femme aux yeux de tous. La femme manque à la doctrine, elle ne s'y est pas révélée, elle est encore à l'état d'esclavage, elle va entrer à l'état d'*égalité confuse;* elle doit en sortir, nous l'attendons; il faut qu'elle parle; elle parlera, puisqu'elle est appelée.

» Quant à la hiérarchie des hommes, comme des

fonctions nouvelles vont être conçues, comme d'anciennes fonctions vont être modifiées, comme l'œuvre que nous commençons est toute différente de celle qui vient de finir, nous aurons également à changer, dans le sein de la hiérarchie mâle, les grades et les fonctions, et voilà pourquoi je vous disais qu'en présence de cette élaboration intérieure, indispensable pour nous produire à l'extérieur avec toute la force que la foi peut nous donner à tous, j'avais besoin de suspendre, pour quelques jours, les enseignements commencés ici, et de préparer, dans les personnes qui m'approchent le plus, la parole qui se répandra sur vous, de manière à pouvoir vous donner un enseignement collectif et individuel plus suivi, plus détaillé que celui que moi-même je pourrais vous faire.

» Vous sentez qu'en changeant ainsi les formes de l'enseignement, j'ai besoin plus que jamais d'être bien convaincu qu'à la parole que je viens de prononcer tout à l'heure vous avez vraiment répondu de cœur, et que vous avez foi dans la direction que j'imprime dès ce moment à la doctrine. Il faut que vous compreniez bien que, si je m'y prenais autrement pour vous faire parvenir la lumière que vous devez recevoir, je perdrais moi-même, à vos yeux, un des titres qui font que je suis votre chef, car ce serait sacrifier ma vie, quand j'ai plus et mieux à faire que de passer mon temps à vous *enseigner* moi-même. Je le répète, j'ai à élever, auprès de moi, des hommes qui vous enseignent tous, et qui vous donnent, à votre tour, puissance d'enseigner tout le monde.

» Je vous ai dit que la hiérarchie allait être complétement modifiée, et déjà au sommet vous voyez une forme toute nouvelle. Une face de l'autorité reste dans l'ombre, une autre apparaît! Olinde Rodrigues, votre Père, rentre activement dans la doctrine; il prend en main les intérêts financiers, matériels, l'organisation de l'*association religieuse des travailleurs*. Rodrigues est prêt à nous faire tous marcher dans une voie que la doctrine ne connaît pas encore, dans une voie de crédit, de confiance, d'exactitude, d'économie, d'ordre, de prévoyance. Jusqu'ici nous avons été, dans tous nos actes, tellement pressés par le mouvement apostolique, et si peu préoccupés de préparer le terrain sur lequel nous marchions, que nous nous sommes souvent trouvés en présence du monde dans un embarras très-grand, et dans l'impossibilité de réaliser des promesses qui nous touchaient fortement au cœur. Nous ne pouvons dès aujourd'hui rien *promettre* que nous ne *tenions*;

la forme nouvelle qui se montre au sommet de la hiérarchie se réfléchira aussi et s'étendra sur toute la famille; c'est sur les deux hommes qui sont devant vous que se réglera et se figurera, en quelque sorte, la forme générale de toute notre activité. Enfin, nous aurons à tâche spécialement de constituer tout ce qui concerne la *pratique*, le *culte*, l'*industrie*, et en même temps de préparer l'organisation MORALE NOUVELLE. »

PÈRE RODRIGUES : « Au nom du DIEU VIVANT qui m'a été révélé par SAINT-SIMON, votre maître à tous, le mien en particulier, mon premier acte de foi ici doit être de vous proclamer, vous, Enfantin, l'homme le plus MORAL de mon temps, le vrai SUCCESSEUR DE SAINT-SIMON, le CHEF SUPRÊME de la RELIGION SAINT-SIMONIENNE. (*Bravos et applaudissements prolongés.*)

» Et moi maintenant j'arrive, quittant toutes mes affaires du vieux monde, quand j'ai eu conquis à ma foi, tout autant qu'il pouvait l'être, l'amour de mon père, et celui de ma mère, et celui de mes sœurs, et celui de celle qui est la moitié de ma vie, de ma femme qui m'a laissé quitter la *Bourse*, quand elle a vu que le temps était venu. Et maintenant, après que j'ai proclamé la hiérarchie nouvelle, je fais appel à tous, pour RÉALISER l'association religieuse des TRAVAILLEURS. Saint-simoniens, entendez-le bien, je viens pour installer la PUISSANCE MORALE DE L'ARGENT, je viens faire appel à tous ceux qui ont un cœur, à tous ceux qui ont une bourse, à tous ceux qui ont une intelligence saint-simonienne, et je leur dis : Apportez-moi les moyens de NOURRIR la famille saint-simonienne, dont la vie entière doit être comptée pour le bonheur du monde. Je recevrai tout, et je rendrai compte de tout, et je me placerai en face du monde, en face des banquiers, des hommes puissants par l'ARGENT; en face de ceux qui veulent chanter le peuple, et qui ont puissance de faire donner de l'ARGENT pour le peuple, en face des femmes qui ont de l'ARGENT ou qui ont puissance de faire donner de l'ARGENT pour le peuple, et je leur dirai que, me soumettant à la loi de notre PÈRE SUPRÊME, je suis ici, moi, le PÈRE *de l'industrie*, le CHEF DU CULTE SAINT-SIMONIEN. M'avez-vous entendu? »

(*Acclamations.*) « *Oui! oui!* »

PÈRE RODRIGUES : « Me suivrez-vous? »

Tous : « OUI! OUI! »

Le 27 novembre, la famille saint-simonienne se réunit de nouveau à la salle Taitbout, pour assister à l'inauguration de l'ordre financier, proposé par Olinde Rodrigues, comme chef de l'industrie ou du culte. J. Reynaud se rendit à cette réunion, bien résolu à y remplir la mission de *haut protestantisme* qu'il s'était réservée, à côté d'Enfantin. Nous empruntons au *Globe* du 28 le compte rendu de la cérémonie et du solennel débat qui marquèrent cette dramatique séance.

CÉRÉMONIE DU 27 NOVEMBRE

« Hier la famille saint-simonienne, entourée du public qui se presse à nos prédications, a assisté à une scène profondément empreinte du caractère religieux, et dans laquelle chacun de ses membres a senti décupler son amour pour NOTRE PÈRE SUPRÊME, parce que, dans un de ces mouvements sublimes que Dieu réserve à ceux qu'il a marqués au front de son sceau, il a apparu à tous cent fois plus MORAL et MEILLEUR, cent fois plus GRAND et plus PROFOND, cent fois plus PUISSANT et plus BEAU, cent fois plus PRÊTRE qu'il ne s'était encore révélé à eux. La famille, pendant un long moment, a vécu de la vie du PÈRE SUPRÊME et de celle de plusieurs de ses membres qui, tour à tour, subitement inspirés par le drame qui se passait sous leurs yeux, ont exprimé avec effusion leurs sentiments. De ce jour la religion est devenue pour nous un fait *pratique*, dont chacun de nous s'est senti pénétré comme par une tendre inspiration.

» A midi, NOTRE PÈRE SUPRÊME ENFANTIN, suivi du père *Olinde Rodrigues*, est venu s'asseoir. Un fauteuil vide était placé à côté du sien, symbole de l'appel que nous adressons à la femme. Le père OLINDE RODRIGUES s'est assis à sa droite. L'assemblée était fort nombreuse, tous les couloirs et l'escalier étaient encombrés.

« NOTRE PÈRE ENFANTIN a dit à la famille et au public la voie nouvelle dans laquelle nous entrons :

« Jusqu'ici nous avons été des publicistes et
» des philosophes, a-t-il dit ; nous avons sapé
» l'ordre politique ancien fondé sur la transmis-
» sion par droit de naissance, et posé les fonde-
» ments de l'ordre politique de l'avenir fondé sur
» l'association hiérarchique par ordre de capacité.
» Grâce à nos efforts pendant la phase qui s'est
» accomplie, le monde est maintenant en possession
» d'un nouveau principe *social*; la semence est ré-
» pandue sur le sol que nous avions de nos mains

» péniblement retourné ; qu'elle germe!... Nous » allons faire pour la morale ce que nous avons » fait pour la politique ; les liens individuels de la » vieille société sont devenus des chaînes pesantes. » Liens du supérieur avec l'inférieur, liens de fa- » mille, lien de l'homme avec la femme, nous al- » lons successivement tout délier et tout relier.

» Jusqu'ici le saint-simonisme a été une *doc-* » *trine*, et nous avons été des *docteurs*. Nous avons » *enseigné*, nous allons *réaliser* ; car le temps » presse, et il faut plus que des *leçons* aux masses » qui souffrent et à la bourgeoisie qui se trouble et » qui raidit d'effroi. Nous allons *pratiquer* de tou- » tes nos forces, par les voies exclusivement paci- » fiques, l'émancipation MORALE, *intellectuelle*, et » *physique* de l'*industrie*, c'est-à-dire des *indus-* » *triels*; nous allons fonder le *culte*.

» Dans notre œuvre de régénération morale, nous » nous attendons à beaucoup d'attaques, de même » que nous en avons eu de longues à soutenir lors- » que nous avons dit que la constitution de la pro- » priété était à refaire, et que nous la refaisions. » Mais, dans l'ordre moral, les attaques qui nous » attendent seront peut-être plus vives, plus outra- » geantes que dans l'ordre politique ; car le fait » MORAL est le fait principal dans l'homme, c'est la

» VIE. Je sais d'avance que nous serons surtout en » butte à la haine des hommes les plus immoraux, » de ceux qui, supportant avec le plus d'impatience » le joug de la loi chrétienne, se constituent à l'état » de révolte contre tout règlement de la MO- » RALE. »

» NOTRE PÈRE ENFANTIN a prononcé ces paroles d'un ton calme, dans une attitude imposante. Ses paroles coulaient lentement et pénétraient doucement l'auditoire. Il parlait d'inspiration, sans apprêt. Et cependant, la majesté de son discours commandait un profond silence à la foule entassée et comprimée dans la salle. Nous regrettons qu'une méprise nous ait empêchés de recueillir complétement ses paroles ainsi que celles de ses fils. Voici la substance de ce qu'il a dit en terminant :

« Nous sommes donc maintenant apôtres.

» Une de nos faces s'est momentanément obscur- » cie, éclipsée, évanouie ; c'est celle de la *science*, » du *dogme*.

» Une autre s'est élevée et va grandir brillante; » c'est celle de l'*industrie*, du *culte :* elle est » représentée par *Olinde Rodrigues*, qui, laissant » les affaires de l'ancien monde, arrive parmi » nous suivi de la famille antique : par *Olinde Ro-*

» *drigues*, l'héritier de Saint-Simon, qui nous a » tous initiés à la foi nouvelle, et qui maintenant » s'assied à ma droite.

» J'ai à vous signaler deux actes principaux de l'autorité nouvelle.

» Notre apostolat ne peut être encore exercé que » par des hommes : la femme *libre* n'a pas encore » parlé. J'ai dit, en présence de la famille, la parole » qui doit donner à la femme la liberté. Cette parole » sera successivement connue de tous ; je la ferai » propager par l'enseignement oral et par *le Globe*. » La femme, qui sous la loi antique a eu l'homme » pour *maître*, qui sous la loi chrétienne l'a eu pour » *protecteur*, et qui doit l'avoir pour *associé*, est en- » core mineure. La loi morale de l'avenir, c'est *l'é-* » *galité* de l'homme et de la femme ; le couple sera » l'*association* la plus intime, la plus religieuse. » Jusqu'à ce que la femme libre se soit révélée, au- » cune femme ne prendra part à notre œuvre. Tou- » tes les femmes, que nous avions provisoirement » classées dans les rangs de la hiérarchie, devien- » nent pour nous les égales les unes des autres, en » attendant que chacune d'elles soit l'égale d'un » homme.

» Vous, *Rodrigues*, dites votre premier acte à » la famille et au public. »

» Le Père *Olinde Rodrigues* s'est levé, et, d'une voix forte, il a lu ce qui suit :

APPEL.

« Saint-Simon, mon maître, m'a révélé l'avenir politique des travailleurs. Il m'a fait connaître la dignité de l'*industrie*, à moi, élève de la *science* moderne, qui dédaignais l'œuvre qu'accomplit le *bras* de l'homme, n'admirant que celle qu'enfante son *esprit*. Saint-Simon m'a révélé comment la puissance de l'argent, corruptrice encore, serait un jour une puissance morale. Il m'a révélé comment la science et l'industrie, la théorie et la pratique, dont le monde ignorait l'alliance profonde, se réuniraient un jour, pour le bonheur du monde, sous l'inspiration religieuse des *beaux-arts* renouvelés eux-mêmes dans leur source la plus élevée, l'amour de Dieu et de l'humanité.

» Eh bien ! le jour annoncé par Saint-Simon s'est levé ! J'arrive au milieu de vous, devant vous tous qui m'écoutez, puissant de toutes les forces de mon cœur, de mon esprit, de mon activité, pour consacrer désormais ma vie entière à réaliser la promesse de Saint-Simon.

» Sachez comment, dès ce jour, je veux accomplir la mission qui me fut donnée.

» Je viens au milieu de la vieille société qui se bat encore, qui s'en va chaque jour, comme l'ont dit tant d'illustres et faux prophètes, installer et faire connaître la société pacifique des travailleurs, qui n'aura plus désormais d'épées ni de fusils.

» Et d'abord, voici mon acte de foi :

» Je naquis dans cette religion qui apprit aux hommes la puissance de l'unité morale et politique, dont le souverain pontife priait pour toutes les nations de la terre, dont le grand prophète annonça qu'un jour, du fer des lances, on forgerait le soc des charrues, et dont les membres dispersés et unis sur toute la terre, persécutés, commencèrent l'affranchissement des travailleurs, en créant la lettre de change. Je suis né juif, et cependant mon père voulut faire de moi un homme pour l'avenir et non pour le passé : jamais je ne pratiquai les rites du judaïsme.

» Saint-Simon m'a fait comprendre et sentir, dans les profondeurs de ma sympathie, cette religion sublime qui triompha de Rome païenne et des barbares, en élevant l'abnégation humaine à la plus haute puissance, en consacrant, au moins dans l'ombre du foyer domestique, la dignité des femmes, en appelant toutes les classes de la société à une première communion, au moins spirituelle, présage infaillible d'une communion plus réelle et plus étendue, magnifique annonce de l'association universelle de tous les enfants d'un même père.

» Cependant je n'ai point embrassé le christianisme; mon esprit, développé par l'étude des sciences positives, ne pouvait accepter ces dogmes vieillis, frappés depuis trois siècles par la hache du protestantisme et du philosophisme. Que suis-je donc? athée? Non!

» Je suis *saint-simonien!*

» Et le plus religieux des saint-simoniens, après celui que je salue, devant vous, comme l'homme le plus moral de mon temps, comme le digne et vrai successeur de Saint-Simon, dont je fus le *premier disciple*

» Je suis de cette religion naissante, plus forte dans son unité que la loi de Moïse, plus large dans ses sympathies que celle du Christ; de cette religion qui comprend tous les aspects de la vie, qui vient proclamer l'affranchissement complet de la moitié du genre humain, celui de la femme et de l'industrie; je suis de cette religion qui développe tous les sentiments légitimes que le passé nous a légués, qui organise dans son sein, et dès ce monde, la rétribution suivant les œuvres, qui gémit du fardeau porté par le vieillard ou par la femme, aussi bien que de l'oisiveté des jeunes et de l'immoralité de la beauté vendue ; je suis de cette religion qui appelle tous les membres de la famille humaine à une association pacifique, dans les arts, la science et l'industrie ; qui, reconnaissante au passé du bien qu'il nous a fait, renonce à la guerre, à la fraude et à la violence ; je suis de cette religion qui élève le mariage à sa plus haute moralité, en consacrant l'égalité religieuse de l'homme et de la femme.

» Je suis saint-simonien. A la droite du chef suprême de ma religion, je suis désormais le fondateur de son *culte*, le chef de *l'industrie* affranchie et associée.

» Du jour où Saint-Simon rencontra l'homme qui, amoureux de l'avenir, avait compris les sciences, senti les beaux-arts et pratiqué l'industrie, l'homme qui avait en lui par le sang la tradition de Moïse, par le désintéressement celle du Christ ; du jour où cet homme, qui, savant et industriel, avait connu, près des industriels et des savants, le secret de leur force et de leur faiblesse morale ; du jour où cet homme, brûlé jusque dans ses entrailles par la flamme vivante de Saint-Simon, sentit pénétrer en lui une vie nouvelle et reconnut en Saint-Simon un nouveau père, de ce jour fut enfantée l'association de la famille universelle.

» Et maintenant à l'œuvre ! écoutez-moi :

» Je vais dire les vraies conséquences de la révolution de Juillet.

» Le peuple, qui n'avait pas donné sa démission, s'était levé pour frapper la fraude et la violence ; baigné de ses sueurs quotidiennes, il avait donné son sang pour attester et revendiquer la foi jurée. Et le peuple attend encore la récompense de son œuvre des trois jours.

» Tous ont admiré la moralité de ce peuple de 1830 ; et tous, dans leur aveuglement, ont cru que cette étonnante moralité allait disparaître le quatrième jour, et ils se sont levés pour lui faire patiemment attendre sa récompense. Le peuple n'est oisif ou mendiant que par la misère, le peuple aime et honore le travail, le peuple travaille dès l'enfance, il travaille trop encore dans ses vieux jours, il a demandé quelque soulagement pour la faiblesse de ses enfants, les fatigues de ses vieillards ; le peuple attend encore sa récompense.

» Mais les saint-simoniens seuls ont marché dans la voie du progrès signalé par cette explosion de Juillet, qui faillit un moment volcaniser l'Europe; seuls aujourd'hui ils acceptent la moralité du peuple de 1830. Ils entreprennent de continuer, par la seule voie de la persuasion et de la démonstration, l'œuvre des trois jours.

» La conséquence légitime de Juillet, c'est l'amélioration *directe* et *pacifique* du sort des travailleurs. Organiser successivement, lentement, mais en marchant toujours, l'association religieuse des travailleurs, voilà comment les saint-simoniens entendent réaliser le programme de l'Hôtel-de-Ville.

» Maintenant vous comprendrez la force qui m'anime, la loyauté qui va présider à tous mes actes, l'utilité profonde de l'entreprise dont j'assume la responsabilité.

» J'ai abandonné pour l'œuvre que j'entreprends toute carrière personnelle ; j'arrive pour fonder la puissance morale de l'argent, en l'employant de la manière la plus morale, la plus utile, à l'amélioration du sort de la classe la plus pauvre et la plus nombreuse.

» Au nom du Dieu vivant, dont le nom sera toujours le plus grand aux yeux des hommes, le plus respecté, le plus puissant ; au nom de la classe la plus pauvre et la plus nombreuse qui tous nous nourrit par son labeur ; au nom de ces fabricants, de ces ouvriers tombés victimes d'une organisation qui ne laisse aux uns et aux autres que l'alternative de la hideuse banqueroute ou de la faim dévorante ; au nom du sang lyonnais versé dans cette affreuse catastrophe ; au nom de la capacité, de la moralité que beaucoup d'entre vous déjà me reconnaissent ; vous tous qui compatissez aux souffrances que je veux calmer, qui sympathisez avec l'avenir que nous attendons, vous tous, répondez à l'appel religieux que je vous fais en ce moment.

» Apportez à Saint-Simon, apportez à celui qui fonde la puissance morale de l'argent, une part quelconque de votre argent, à titre de don ou de prêt, selon votre force et votre amour. Je recevrai tout avec joie, et je rendrai compte de tout avec honneur.

» Que cet argent soit employé à développer, à accomplir l'œuvre de Saint-Simon, continuée déjà depuis juillet avec tant d'éclat et de dévouement. Jugez de notre puissance et de notre économie dans l'avenir, par ce que nous avons fait avant d'avoir pu encore constituer notre crédit et notre économie. Depuis juillet 1830 *quatre cent mille francs* ont suffi à la propagation de notre foi à Paris, dans les départements, en Belgique. Venez à nous, ne fût-ce que pour rendre hommage à nos intentions, à notre loyauté ; et puis, si vous êtes contents de notre œuvre, vous verrez de vous-mêmes ce que vous pouvez faire encore pour l'humanité.

» Banquiers, capitalistes, propriétaires, vous tous qui tenez en vos mains les instruments du travail, intéressez-vous tous dans mon entreprise, car elle vous est utile : vous désirez la hausse de vos propriétés, de vos fonds publics, et vous savez bien quelle en est la condition. « La paix inté- » rieure, » dites-vous sans cesse : et vous avez raison. Vous tremblez à l'idée du pillage, l'émeute vous épouvante, une boutique fermée par le bruit de la rue vous attriste plus que le plus solennel convoi. Eh bien, je vais travailler pour vous, car j'entreprends de persuader à tous, et de démontrer à tous, que la paix est pour tous le moyen le plus court pour arriver au progrès. C'est la théorie que Saint-Simon a enseignée toute sa vie ; les saint-simoniens vont la mettre en pratique.

» Banquiers, je vous ai tous connus et jugés ; vous avez tous ignoré mon avenir, excepté un seul d'entre vous qui, depuis trois mois, par un singulier pressentiment, me répétait sans cesse que ma place n'était pas à la bourse. Or, je vous dis hardiment, et vous allez me comprendre :

» Rothschild, Laffitte, Aguado n'ont rien entrepris d'aussi grand que ce que je vais entreprendre.

Tous ils sont venus, après la guerre, donner au vaincu le crédit nécessaire pour satisfaire le vainqueur. Ils ont fait une grande chose; et moi le premier, je l'ai senti et publié, grâces à Saint-Simon, il y a sept ans.

» Mais ils ont escompté l'avenir des restaurations politiques, et déjà pour eux cet avenir a des bornes. On ne verra plus, en ce genre, d'aussi grandes opérations de crédit que celles qu'ont exécutées ces trois hommes fameux par l'accroissement rapide de leur fortune, et qui tous trois, au fond de leur cœur, sentent leur carrière bientôt accomplie.

» Leur mission va finir et la mienne commence.

» Je vais installer la banque des travailleurs, où les capitaux, sans cesse et volontairement apportés par les mains oisives, seront distribués aux mains qui les réclament pour le bonheur de tous.

» On escomptera à la bourse de Paris, de Londres et de Berlin, l'avenir politique et financier de l'association des travailleurs pacifiques. J'entreprends de fonder le crédit saint-simonien.

» Et ici, au nom de Saint-Simon, mon maître, au nom du chef suprême de ma religion, en mon propre nom, je rends grâces publiquement à tous ceux qui, à un titre quelconque, ont contribué par leur argent aux travaux de Saint-Simon et de ses disciples. Je me regarderai comme leur débiteur du jour où ils réclameront de moi le remboursement de leurs avances.

» Je vais vous faire connaître le plan de ma gestion financière.

» Mais j'appelle encore d'autres hommes que ceux qui possèdent l'argent. J'appelle les artistes qui aiment le peuple, et les femmes qui toujours ont voulu la paix entre les hommes, qui toujours ont contribué à adoucir la brutalité des hommes, à calmer les souffrances du vieillard, à consoler l'orphelin délaissé.

» Où est-il le poëte qui aime vraiment le peuple, qui, glorieux d'avoir chanté Napoléon et le drapeau populaire, chantera désormais l'espoir du peuple qui travaille et ne veut plus faire la guerre? Quand entendrai-je le peuple chanter l'hymne de la paix, plus électrisant que la terrible *Marseillaise*, plus joyeux que la simple *Parisienne*? Où est-il le Béranger saint-simonien, Tyrtée de la paix, dont les accents arrêteront l'horrible bataille, et convertiront les maîtres et les ouvriers à la foi nouvelle.

» Qu'il paraisse aussi le musicien dont la musique enivrante et puissante, plus riche que celle de Rossini et de Beethoven, en accompagnant l'hymne d'avenir, s'emparera, par toutes ses mélodies, par toutes ses variations, de la puissance d'émotion réservée à la musique.

» Peintres, ne salissez plus vos pinceaux en offrant à nos yeux une liberté débauchée et sanglante; dignes héritiers de Raphaël et de David, inspirez-vous des souffrances de la fille du peuple, faites-nous admirer la femme d'avenir, jetant sa vie, sa foi, au milieu des combattants, pour les rallier à l'amour de Dieu et de l'humanité.

» Statuaires, faites jaillir du marbre le Moïse pacifique.

» Architectes, où sont vos plans pour le temple de la paix?

» Ecrivains politiques, journalistes, qui remuez l'opinion publique, dites ce que vous pensez désormais des saint-simoniens et de moi? Parmi tous les faits qu'avec soin vous enregistrez, en est-il un plus éclatant que le fait saint-simonien? Examinez enfin, avec toute la puissance qui est en vous, qui nous sommes et quel est le but où nous marchons. Tous vous voulez le progrès; mais vous ne pouvez vous entendre sur les moyens de l'obtenir. Tous vous accomplissez une œuvre importante, qui n'est pas celle des saint-simoniens; mais nous ne sommes pas ennemis. Voyez si entre vous et nous ne peut être signé le traité de la paix publique, de l'ordre légal et du progrès? Voyez et dites.

» Et les femmes aussi répondront à notre appel. Elles sauront contribuer à notre action sur les classes pauvres, par la douceur de leur sympathie. Leur influence politique sera désormais toute puissante et toute morale. Elles viendront, et parmi elles se révélera bientôt la plus aimante, la plus aimée, la plus morale.

» Et les rois de l'Europe me laisseront traverser le chemin de la vie comme le vaisseau cherchant un nouveau monde, car ils veulent aussi le repos du monde, et n'attendent, pour consentir pleinement au progrès, qu'un gage éclatant de la loyauté des hommes qui l'annoncent : et ce gage, c'est l'œuvre des saint-simoniens. Mon ambition sera satisfaite le jour où ils l'auront reconnu. »

ASSOCIATION FINANCIÈRE

DES SAINT-SIMONIENS.

Au domicile et en présence de Barthélemy-Prosper Enfantin, chef suprême de la religion saint-simonienne, sont comparus :

Tous les membres de la religion saint-simonienne, lesquels ont déclaré s'associer collectivement et solidairement dans le but et par les moyens qui vont être exposés :

Article premier. L'objet de l'association financière des saint-simoniens est :

1° De travailler, par un ensemble de mesures exclusivement pacifiques, et par les seules voies de la persuasion et de la démonstration, à l'amélioration morale, intellectuelle et physique de la classe la plus nombreuse et la plus pauvre ;

2° D'organiser des maisons d'éducation élémentaire, où les enfants des saint-simoniens, prolétaires ou bourgeois, seront élevés ensemble, quelle que soit la position de fortune où la naissance les ait placés ;

3° De fonder des maisons d'associations industrielles, manufacturières et agricoles, entre tous les travailleurs qui, adoptant la foi saint-simonienne, consacreront leur vie à l'amélioration du sort de la classe la plus nombreuse, afin de la faire jouir successivement et de plus en plus des avantages moraux, intellectuels et économiques de l'association ;

4° De subvenir transitoirement par des ressources temporaires aux premiers besoins de ces associations, besoins résultant du défaut ou de l'insuffisance du travail, et des charges de famille des travailleurs saint-simoniens les moins favorisés ;

5° D'enseigner à toutes les classes de la société, par toutes les voies de publications, prédications et missions, que le seul moyen de mettre un terme aux émeutes, aux crises industrielles et à la guerre, consiste :

A développer les sentiments d'association entre les hommes, entre les peuples ;

A substituer progressivement et sans secousses, à la concurrence anarchique qui pèse sur l'industrie, l'association religieuse des travailleurs, et à toutes les opinions qui luttent aujourd'hui dans la société, l'opinion saint-simonienne sur l'avenir politique des travailleurs.

ART. 2. La présente société est collective. Tous les saint-simoniens signataires au présent acte, sont associés solidaires et responsables de tous les engagements contractés envers les tiers, par suite du présent acte de société, et spécialement par suite de la procuration passée par devant Me Lehon, notaire à Paris, dont il sera parlé ci-après.

ART. 3. Le gérant de la présente société est le chef de tous les travaux matériels et financiers de la religion saint-simonienne. Il engage par sa signature tous ceux qui signeront au présent acte ou qui y adhéreront; et, sous les inspirations du père suprême de la religion, il dispose du capital social comme il le juge le plus convenable, pour l'accomplissement progressif des mesures indiquées à l'article premier.

Art. 4. Le Père suprême de la religion saint-simonienne nomme, pour seul associé gérant de la présente société, Benjamin-Olinde Rodrigues. En cas de décès ou de maladie du gérant, il sera pourvu à son remplacement par le Père suprême de la religion.

Art. 5. Tous les biens présents et à venir des saint-simoniens, signataires au présent acte, forment le fonds social de la présente société.

Tous les associés confirment ici de la manière la plus absolue la procuration notariée donnée par eux le   , à Benjamin-Olinde Rodrigues, ladite procuration universelle, irrévocable, et reconnaissant à B.-O. Rodrigues, pour faire et disposer, le droit aussi ample et aussi général qu'il est stipulé à l'art. 3 ci-dessus.

Art. 6. Les recettes de la société se composent des capitaux et valeurs apportés par les saint-simoniens ; des réalisations de leurs biens faites par le gérant, ainsi qu'il avisera ; des emprunts, négociations et émissions de signatures faits par le gérant, conformément aux lois et usages, et enfin des apports volontaires qui seront faits à la société par tous autres que les saint-simoniens, et dont il sera parlé ci-après.

Les *dépenses* de la société consistent en secours à la classe pauvre, fondation de maisons d'éducation et d'association, et établissement d'ateliers, publications, journaux, frais de missions, enseignements et prédications, frais d'administration, et entretien du clergé saint-simonien, sur le principe de rétribution selon les œuvres, fondement de la politique saint-simonienne.

ART. 7. Les saint-simoniens, associés solidaires de la présente société, font appel à tous ceux qui, ne pouvant se vouer comme eux à la propagation de leur religion, comprennent et sentent que cette religion est l'avenir de l'humanité, qu'elle seule peut amener le règne de la paix, installer l'association des travailleurs, pacifier et moraliser toutes les classes de la société.

Tous les dons et apports, de quelque nature que ce soit, seront reçus par la présente société, sans qu'aucune responsabilité ou solidarité puisse en résulter contre les donateurs, la société n'entendant de son côté prendre vis-à-vis d'eux aucun engagement autre que celui de la reddition des comptes dont il va être parlé.

ART. 8. Tout donateur recevra un récépissé signé du gérant, portant un numéro d'ordre, et contenant indication de la nature et de l'importance du don fait à la société.

ART. 9. Tous les six mois, à dater du 1er prochain, le gérant rendra au Père suprême de la religion son compte de gestion.

Ce compte sera rendu public par la voie de l'impression.

Tout porteur des récépissés ci-dessus mentionnés aura droit de réclamer un exemplaire de ce compte.

ART. 10. Les saint-simoniens rappellent ici expressément que leurs enseignements oraux ou écrits ne sont point pour eux une *spéculation*, mais une *œuvre d'apostolat*, et que la distribution de leurs écrits se fait *gratuitement* aux personnes choisies ou acceptées par eux.

RODRIGUES.

Paris, 27 novembre 1831.

« Lorsque le père Rodrigues a eu terminé, le Père suprême, s'adressant à Barrault, lui a dit : « Barrault, vous avez à parler à l'assemblée. »

Barrault s'est levé et a dit une improvisation dont nous reproduisons un extrait : »

« Le premier j'ai prêché, et de la chaire nouvelle

où m'ont suivi et égalé mes frères, où me suivent aujourd'hui mes fils, qui bientôt, je l'espère, me surpasseront, en se souvenant peut-être que je leur en frayai la route, j'affirme que ma foi n'a jamais été plus profonde dans l'avenir de la religion saint-simonienne ! A Dieu ne plaise que je veuille laisser planer sur le passé l'ombre du blâme le plus léger ! J'ai souvent glorifié hautement, selon toute la sincérité de mon cœur, la hiérarchie qui nous a dirigés : mais je déclare que jamais le pouvoir n'a revêtu à mes yeux un caractère plus conforme au progrès que nous annonçons, et ne m'a paru se concilier davantage avec le respect dû à la liberté de chacun ; et c'est pourquoi, déposant en ce jour la solennité hautaine et apprêtée de mes discours, je veux vous communiquer naïvement, par des paroles libres et soudaines, l'émotion intime et la pensée qui sont en moi, jaloux de vous apparaître déjà comme un symbole de la transformation de notre autorité.

» Vous donc, hommes de désir et d'indépendance, artistes, poëtes, écoutez-nous ! Jusqu'à ce jour, nous n'avons pas su vous attirer ou vous retenir. Effarouchés de l'ardeur avec laquelle nous nous efforcions de ramener à l'unité une société anarchisée, vous avez cru voir en nos mains, au lieu de la lyre nouvelle, un inflexible niveau sous lequel devaient se courber, en s'alignant, toutes les inspirations ; vous avez reculé, à l'apparence d'un cercle étroit dans lequel vous avez craint d'être emprisonnés ; et, épouvantés de la rigidité de nos enseignements puissamment formulés, vous n'avez envisagé la muse saint-simonienne qu'enveloppée d'une longue robe noire, coiffée du bonnet doctoral, et catéchisant une société soumise à une règle claustrale. Aussi, malgré notre glorification de la poésie antique et de la poésie du moyen âge, malgré l'annonce d'un art nouveau dans lequel devaient s'associer, par une éclatante transformation, les deux langues poétiques que l'humanité a tour à tour parlées, vous ne nous avez point écoutés. Car vous pressentez la grandeur de l'artiste, et, ne pouvant encore le faire régner, vous l'isolez dans une superbe liberté, allant même jusqu'à prétendre qu'il n'a qu'à laisser tomber sur la société ses mélodieux accents, soucieux seulement de sa propre fantaisie. Nous ne nous sommes donc pas entendus. La faute en est à nous, qui avons dû exagérer la face de l'autorité, afin de nous séparer nettement d'un monde indiscipliné ; la faute en est à vous, qui, séduits par vos désirs exagérés d'indépendance, n'avez pas compris ce qu'il y a de progressif dans l'unité nouvelle que nous impatronisons !

» Or, je vous le dis : Notre religion n'étouffe pas la liberté, n'absorbe point la sainte personnalité ; elle tient chaque individu pour saint et sacré ; et promettre, comme elle le fait, le classement selon la capacité, n'est-ce pas promettre à chacun de conserver et de développer en lui sa physionomie native, sous un nom qui n'appartienne qu'à lui ?

» Venez donc à nous sans défiance ; hors de nous, que pouvez-vous aujourd'hui ? Célébrer ou renier le passé, blasphémer ou chanter le présent, refaire Lamartine, Byron, Béranger. Quoi ? Lorsque le peuple souffre, s'agite, et se pousse à des destins nouveaux, ne sentez-vous pas qu'une tâche nouvelle vous appelle ? Artistes, qui que vous soyez, vous êtes du peuple ; car vous aimez votre liberté et vous sympathisez avec tous les désirs d'émancipation. Mais avec le peuple, la femme est esclave. Artistes, tous vous sentez ce qu'il y a de sainte audace, de force, d'espérance, de noble enthousiasme dans le génie de la femme. Venez, venez donc nous aider à provoquer leur commun affranchissement.....

» Et maintenant, industriels de tous les rangs, de toutes les fortunes, travailleurs de tous les ordres, vous tous qui avez besoin de réalisation, et qui jusqu'à ce jour n'avez vu en nous que des théoriciens, des savants, des rêveurs, je vous appelle à fonder avec nous l'organisation industrielle, l'association religieuse des travailleurs. Et pour qui comprend la force merveilleuse de l'association, c'est plus que la découverte du nouveau monde ; c'est le monde industriel tout entier sortant du chaos et déployant un spectacle inouï de richesse, d'abondance, de fécondité. Et l'heure de cette œuvre immense est arrivée : tous les signes des temps nous la révèlent.

» Souvent, je l'avoue, je me suis affligé à cette chaire de l'inaction dans laquelle la France demeurait plongée, malgré les provocations injurieuses des peuples rétrogrades de l'Europe, malgré les supplications les plus nobles et les plus touchantes de la part des nations éplorées, victimes de leur générosité. Souvent, pénétré d'indignation et de douleur, j'ai proféré dans cette enceinte des cris de guerre. Aujourd'hui, je le reconnais hautement, les hommes du pouvoir, auxquels je laisse la honte de leur diplomatie et de leur méticuleuse politique, en maintenant la paix, ont accompli, aveuglément et à leur insu, une utile mission; oui, la paix était populaire en France, quoique les moyens de la conserver ne l'aient jamais été.

» Et quand la nécessité de l'association religieuse des travailleurs fut-elle plus urgente? Est-ce à vous que j'ai besoin de rappeler combien de fois nous avons signalé les ravages de la libre concurrence, qui non-seulement livre à l'acharnement le plus immoral, à la guerre la plus horrible, les fabricants, mais fait encore retomber sur la classe ouvrière les désastres de ce perpétuel combat! Et l'on nous a traités de rêveurs! Que de fois nous avons énuméré, dans d'épouvantables litanies, tous les maux de la classe la plus nombreuse et la plus pauvre, depuis les fatigues précoces de l'enfant jusqu'aux douleurs du vieillard expirant sous son collier de misère, étalant à vos yeux son cadavre flétri, que l'indigence pousse du pied dans la fosse commune! Que de fois enfin, pour tant de douleurs, nous avons demandé grâce, miséricorde, compassion; nous avons crié du fond de nos entrailles *merci!* nous avons répété *pitié*, *pitié*, *pitié!* et l'on nous a traités de rêveurs!

» Et voici qu'aujourd'hui, vérifiant la justesse de nos prévisions tant de fois exprimées, une population entière d'ouvriers s'insurge. Et quel drapeau a-t-elle arboré? Est-ce le drapeau tricolore?

Est-ce aux cris de liberté, de charte, de république, de Napoléon II qu'elle s'est ralliée! non; elle arbore un drapeau noir, signe de son deuil et de son désespoir, et elle prend pour mot de ralliement cette devise : *vivre en travaillant, ou mourir en combattant*[1] !

1. Allusion à l'insurrection des ouvriers lyonnais, alors flagrante, et qui fut même un instant victorieuse.

A la première nouvelle de cet événement, l'émotion avait été grande à Paris. Quelques députés, abusés par les préventions qui poursuivaient les saint-simoniens, avaient laissé échapper des exclamations accusatrices contre ces novateurs dont on rappelait les prédications récentes à Lyon.

M. Casimir Périer, impressionné par ces rumeurs, paraissait disposé à croire que le saint-simonisme n'était pas en effet étranger à ce soulèvement. Un député, qui avait eu de bonnes relations, en 1825, avec la rédaction du *Producteur*, M. Félix Bodin, combattit, dans une conversation intime, les soupçons du ministre. Mais il voulut ensuite fortifier son opinion par des renseignements positifs qu'il alla prendre à la maison saint-simonienne de la rue Monsigny, auprès d'un membre du collége qu'il avait connu parmi les auteurs des *Résumés historiques*. Là M. Bodin acheva de se convaincre que les saint-simoniens prenaient tout à fait au sérieux leur mission religieuse et pacifique, et que, loin de songer à provoquer des collisions sanglantes, ils n'aspiraient qu'à faire bien comprendre aux prolétaires que l'amélioration de leur sort devait s'opérer, non par l'épée de nouveaux Spartacus, mais par le paisible enseignement d'un nouvel Évangile. « Les événements de Lyon, lui dit le saint-simonien, se sont accomplis en opposition directe avec nos principes et nos vœux; mais ils justifient aussi nos prévisions, et c'est là notre tort auprès des conservateurs endurcis, lesquels se moquaient de nos avertissements, quand nous leur disions que le progrès pacifiquement consenti pouvait seul prévenir les tentatives du progrès brutal, poursuivi par la violence. »

» Écoutez, écoutez ! et comprenez la révélation renfermée dans ce vœu : *Vivre en travaillant.* Oui, elle déclare qu'elle veut vivre, elle s'en reconnaît le droit. Comment ? Ce n'est point de l'aumône et des dons d'une avilissante charité, mais de son travail : elle repousse la flétrissure de l'oisiveté ; elle n'en veut pas pour elle, elle n'en veut pas chez les autres. *Ou mourir en combattant!* Oui, la mort horrible du champ de bataille, que dans ses habitudes de labeur pacifique elle n'avait jamais peut-être envisagée sans frémir, elle la préfère à cette mort qui la consume et la mine lentement, et la conduit, sous le poids d'une décrépitude prématurée, aux bords de la tombe ! Elle enseigne enfin à tous ces hommes préoccupés des haines de parti ou des subtilités de la métaphysique constitutionnelle, que la vraie politique est l'art de régler les rapports des travailleurs entre eux, et d'alimenter la société de toutes les productions des arts, des sciences, de l'industrie !...

» Venez donc à nous, vous dont cet événement a dû toucher le cœur et dessiller les yeux ; venez nous aider à affranchir, non-seulement la classe la plus nombreuse et la plus pauvre, du sort effroyable qui lui pèse, mais la classe privilégiée elle-même de ce danger qui la menace incessamment, de ce glaive qui demeure suspendu sur sa tête, et du hasard fatal de la banqueroute !... »

« Barrault a été plusieurs fois interrompu par des démonstrations d'adhésion à ses paroles. Plusieurs salves d'applaudissements l'ont accueilli à diverses reprises; plusieurs fois l'auditoire a été ému jusqu'aux larmes de sa voix puissante.

» Barrault avait parlé ; le père ENFANTIN et le père *Rodrigues* s'étaient levés pour sortir de l'assemblée, lorsque Reynaud, se tenant debout, a demandé à parler.

» Lorsque notre PÈRE ENFANTIN a pris possession de l'autorité suprême, le père *Bazard*, qui, jusque-là, avait partagé la suprématie avec lui, a *protesté*, et s'est retiré. Peu après, plusieurs membres de la hiérarchie saint-simonienne ont *protesté* de même, et se sont écartés du sein de la famille. Reynaud n'a pas tardé à se manifester aussi comme *protestant*. Toutefois il était resté parmi nous; et notre père ENFANTIN, qui avait pour lui une affection toute particulière, qui l'avait initié à notre foi, qui, au commencement de 1831, l'avait appelé près de lui du fond de la Corse, où il exerçait les fonctions d'ingénieur des mines, lui avait dit avec bonté, dans la réunion de la famille qui eut lieu le samedi 19 novembre : « Je t'exhorte à remplir, à l'égard » de mes actes, soit dans nos réunions de famille, » soit en public, la mission de haut protestantisme » que j'avais réservée à Bazard. »

» Reynaud s'est donc levé, et, avec une voix retentissante, dans l'attitude d'un homme extrêmement animé, gesticulant avec véhémence, il a déclaré protester contre l'acte du père *Olinde Rodrigues*. « Car, a-t-il dit, malgré l'assertion du » père *Olinde Rodrigues*, l'argent ne peut avoir » encore de puissance MORALE, puisque vous, père » ENFANTIN, d'après les termes posés par vous, vous » détruisez la MORALE ancienne, sans avoir la MO- » RALE nouvelle. Vous n'avez pas de MORALE par- » ticulièrement en ce qui concerne les rapports » de l'homme et de la femme. »

» Cette protestation a profondément étonné l'assemblée.

» Ici a commencé un drame qui a duré une heure et demie, auquel ont pris part, avec notre père ENFANTIN et Reynaud, le père *Rodrigues*, Laurent, E. Talabot et Baud, et dont il nous est impossible de reproduire l'effet éclatant. Le père *Rodrigues* a dit ce qu'était la *puissance morale* de l'argent dans un bugdet dont le premier chapitre a pour titre *Secours à la classe la plus nombreuse*. Laurent, interrogeant Reynaud, qui a coopéré sous sa direction à la mission de Lyon, lui a demandé si alors qu'il était allé annoncer une ère nouvelle aux populations souffrantes, il n'y avait pas pour lui de *morale* saint-simonienne. Talabot a dit que la morale de l'apostolat était l'émancipation des êtres exploités. Reynaud a affirmé que, quoi qu'il eût dit, il n'avait jamais mis en doute la haute moralité des hommes au milieu desquels il avait pratiqué l'apostolat. Mais rien n'égale la puissance calme et bienveillante qu'a manifestée NOTRE PÈRE ENFANTIN, si ce n'est l'admiration respectueuse qu'il a bientôt inspirée au public qui, comme tous les publics de l'époque actuelle, a naturellement une prédilection marquée pour les *protestants*, puisque toute l'œuvre politique du siècle se réduit encore à *protester* contre le passé.

» Tour à tour moralisant Reynaud et le relevant avec tendresse, dominant la foule, qui depuis plusieurs heures, comprimée dans l'étroite enceinte de la salle, s'agitait impuissante, et commandant ses applaudissements, il révélait à tous le pontife de l'avenir, répandant à flots, autour de sa personne sacrée, la confiance et la vénération. Tous les yeux étaient fixés sur sa face qui rayonnait d'un calme majestueux. Ses paroles étaient avidement accueillies ; et lorsqu'il disait comment la MORALE de l'avenir, en ce qui concerne les rapports de l'homme et de la femme, c'était le principe d'*égalité*, d'*association* ; et lorsqu'il annonçait à ceux qui venaient à nos prédications, sans y apporter les sentiments que méritent les hommes qui ont renoncé à leur repos, à leur fortune, à une existence honorée, pour se vouer, à travers mille entraves, à l'amélioration du sort de leurs semblables, qu'il les dispensait de leur inutile curiosité. Reynaud se calmait à sa voix ; tous ses fils attendaient le moment de se jeter dans ses bras, lorsqu'il a dit à Baud, qui lui avait demandé la permission de parler, qu'il la lui accordait.

» Voici l'improvisation de Baud ; elle a électrisé toute l'assemblée : »

« PÈRE ENFANTIN, père suprême de la religion nouvelle, vous êtes mon chef, je vous salue. *Olinde Rodrigues*, vous serez mon frère par le sang, je m'en fais gloire ; vous êtes mon père en Saint-Simon, je m'en réjouis. ENFANTIN, *Olinde Rodrigues*, vous êtes nos pères : gloire à vous !

» Je viens, tout ému du cri qui a retenti dans cette enceinte, non pas pour poser en face de la protestation ma parole et mon témoignage ; l'hymne d'amour que vous chantera l'humanité se prépare, et elle couvrira par son éclat des protestations isolées; mais je viens vous dire, à vous, mes Pères, et à toute cette famille qui vous entoure, ce que je fus, ce que je suis, et ce que je veux devenir. Écoutez-moi : je ne vous apporte point une parole préparée; jamais je n'ai pu livrer au papier toute ma vie; mais quand je la sentais bouillonner dans mon sein, je la laissais déborder à flots sur vous, et plus d'une fois vos tressaillements m'ont appris qu'elle avait coulé jusqu'à vos cœurs. Écoutez-moi, Enfants de Saint-Simon, vous savez mon nom. Il faut que je l'apprenne à ce public qui l'ignore.

» Je me nomme Henri Baud; mon père est un prolétaire qui a triomphé du hasard de la naissance et a amassé des richesses par la force de ses bras. Quand la parole de Saint-Simon se fit entendre à moi, j'entrevis le moyen d'employer un jour, d'une manière morale, cette puissance de l'argent que le monde me disait d'espérer, et que je redoutais, parce que, entre les mains des privilégiés de la naissance, je l'avais toujours vue corruptrice. Je sentis que pour ennoblir mon privilége, je devrais l'employer à l'abolition de tous les priviléges : je suis devenu prolétaire. C'est ainsi que la famille du sang me punit de vouloir pratiquer ma foi religieuse, et de vouloir m'unir à une femme qui ne tenait de la naissance ni la fortune ni la religion de ma mère. Eh bien! toutes les rigueurs de la famille du sang ne triompheront pas de mon amour pour elle, et je la forcerai, par mes œuvres, à me rendre sa tendresse : voilà mon avenir comme fils. J'admettrai ma femme à la sainte union de l'égalité : voilà mon avenir comme époux.

» Raynaud, toi qui fus mon frère et qui étais devenu mon père, tu as dit devant moi dans ces derniers temps : « Que ceux qui ne se sentent pas » la force de porter l'habit d'apôtre se retirent. » Regarde-moi, je le porte. Tu nies aujourd'hui la puissance morale de l'argent entre les mains de nos pères; souviens-toi que j'étais devenu prolétaire et qu'ils m'ont adopté; que j'avais faim de pain et de parole, et qu'ils m'ont nourri; que j'aurais été nu, et que cet habit ce sont eux qui me l'ont donné : voilà la puissance morale de l'argent, car; grâce à eux, je viens professer Dieu en ce moment à la face des hommes; et moi, je brûle maintenant de voir le peuple revêtu comme moi des insignes de l'apostolat. Écoute, écoute! J'ai entendu souvent sortir de ta bouche ces mots puissants : « La voix du peuple est la voix de Dieu; » et quand tu le disais, je sentais que tu étais la voix du peuple. Que demandent donc ces hommes qui peuplent la plus industrieuse de nos cités? Quel cri se fait entendre sous cet étendard de mort, au milieu de la mitraille qu'ils reçoivent ou qu'ils vomissent sur des poitrines d'hommes? Reynaud, Reynaud! ils demandent du pain, et c'est avec de l'argent qu'aujourd'hui l'on a du pain; et si le peuple veut du pain, l'argent qui le donne est une puissance morale.

» Oui, Reynaud, je me sens la force de porter l'habit d'apôtre; mais le doute où je te vois, c'est le néant, et la seule idée du néant m'écrase. Prolétaires qui m'écoutez, ma main a souvent touché vos mains calleuses, endurcies par le travail, et elle a senti que vous répondiez à ses étreintes. Ma voix douloureuse a plus d'une fois remué vos entrailles. Rassurez-vous donc! ne croyez pas celui qui vous dit qu'il y a encore au monde un génie du mal, et qu'il veut le trouver ici. Non, Dieu n'a pas permis qu'un homme pût se placer en présence des hommes avec cette face calme et sereine, avec cette grandeur et cette beauté, pour qu'il s'en servît afin de les séduire et de les perdre. Il y a dans l'humanité des hommes forts et des hommes faibles; mais le plus fort aujourd'hui, c'est notre Père Enfantin; il est le génie du progrès, le génie de la paix qui vient affranchir le travailleur et la femme.

» Amis, je suis prolétaire et il m'a adopté, et je jouis de ma liberté devant lui, parce que je le suis avec amour. Saluez-moi, saluez votre frère émancipé! Donnez-moi les joies de la famille, je n'ai jamais eu de frère!

» Et vous, femmes, celle qui m'a porté dans ses entrailles n'est pas là pour m'entendre; faites place pour moi dans votre cœur à un amour de mère, afin que si vous voyez celle dont Dieu m'a fait naître, vous apaisiez les tourments de cette stérilité qu'elle s'est faite. Dites-lui, pour la toucher, les douleurs que doit souffrir un fils comme moi privé de ses embrassements, de sa parole, de sa vue; un fils réduit à vivre comme s'il n'avait pas de mère, quand, Dieu soit béni, sa mère, sa mère chérie, est vivante. »

« Lorsque Baud a eu dit, notre Père Enfantin s'est levé, et bientôt tous ses fils étaient dans ses bras. Reynaud lui-même, après un instant d'hésitation, s'est jeté à son cou avec transport. »

Ceux des assistants qui ont gardé toujours palpitant le souvenir de cette grande scène n'ont pas cessé de regretter, avec *le Globe*, qu'elle n'ait pu être complétement reproduite. C'est à eux d'attester aujourd'hui combien la parole et l'attitude d'Enfantin, prenant un caractère vraiment biblique, exprimèrent, dans cette mémorable séance, le sentiment profond qu'il avait de sa suprématie inspiratrice, de la moralité incomprise de ses vues de prophète et d'apôtre; et combien aussi il fit pénétrer ce sentiment dans l'âme de tous ceux qui purent le voir et l'entendre. Car, à vrai dire, Reynaud se jeta moins dans les bras du chef suprême, qu'il n'y fut entraîné par l'élan du public qui lui criait, d'une voix unanime et irrésistible : « Embrassez votre père, embrassez votre père! » Et, dans ce public, on remarquait le poëte du peuple, Béranger, et plusieurs membres distingués de la chambre des députés, M. Félix R... entre autres, lequel, quoique étranger à la famille saint simonienne, témoigna son émotion sympathique par cet aveu à l'un des membres du collége, son ancien ami : « Ce que je viens de voir et d'entendre me fait croire à des choses que je prenais pour des fictions. Il me semble avoir assisté au discours sur la montagne. »

FIN DU QUATRIÈME VOLUME

Imp. L. Toinon et Cie, à Saint-Germain.

Imp. L. Toinon et Cie, à Saint-Germain.

www.ingramcontent.com/pod-product-compliance
Ingram Content Group UK Ltd.
Pitfield, Milton Keynes, MK11 3LW, UK
UKHW051020210726
13857UKWH00006B/610

9 782012 935907